（宋）蘇軾 撰

明成化本東坡七集

第二二册

國家圖書館出版社

第一二册目録

東坡奏議十五卷（卷第九—十一）

卷第九 …… 三
乞相度開石門河狀 …… 四
再乞發運司應副浙西米狀 …… 一一
杭州召還乞郡狀 …… 一七
撰上清儲祥宫碑奏請狀 …… 二六
進單鍔吴中水利書狀 …… 二八
辭免撰趙瞻神道碑銘 …… 三二
再乞郡劄子 …… 三三
乞將上供封樁斛㪷應副浙西諸郡接續糶米劄子 …… 三七
乞擢用程遵彦狀 …… 四二
乞外補迴避賈易劄子 …… 四三
辨賈易彈奏待罪劄子 …… 四六
辨題詩劄子 …… 五一
奏狀 …… 五三
録進單鍔吴中水利書 …… 五四
卷第十 …… 八六
申省論八丈溝利害狀二首 …… 八六
奏論八丈溝不可開狀 …… 九一
奏淮南閉糴狀二首 …… 一〇二
乞賜度牒糴斛㪷準備賑濟淮浙流民狀 …… 一一〇
乞將合轉一官與李直方酬奬狀 …… 一一八
乞賜光梵寺額狀 …… 一二六

薦宗室令時狀……一二七
卷第十一……一三一
論積欠六事并乞檢會應詔所論四事一處行下狀……一三一
再論積欠六事四事劄子……一六五
論倉法劄子……一七〇

重刊明成化本東坡七集

東坡奏議卷第九

乞相度開石門河狀

再乞發運司應副浙西米狀

杭州召還乞郡狀

撰上清儲祥宫碑奏請狀

進單鍔吴中水利書狀 單鍔書附卷末

辭免撰趙瞻神道碑狀

再乞郡劄子

乞将上供封樁斛㪷應副浙西諸郡接續糶米劄子

乞擢用程遵彦狀

乞外補迴避賈易劄子

辨賈易彈奏待罪劄子

辨題詩劄子 奏狀附

乞相度開石門河狀

元祐六年三月日龍圖閣學士左朝奉郎知杭州蘇軾狀奏右臣謹按史記秦始皇三十六年東游至錢塘臨浙江水波惡乃西百二十里從狹中渡始皇帝以天下之力徇其意意之所欲出赭山橋海無難而獨畏浙江水波惡不敢徑渡以此知錢塘江天下之

嶮無出其右者臣昔通守此邦今又忝郡寄二十年
間親見覆溺無數自温台明越往來者皆由西興徑
渡不涉浮山之嶮時有覆舟然尚希少自衢睦處婺
宣歙饒信及福建路八州往來者皆出入龍山泝
此江江水灘淺必乘潮而行潮自海門東來勢若雷
霆而浮山峙於江中與魚浦諸山相望犬牙錯入以
亂潮水洄洑激射其怒自倍沙磧轉移狀如鬼神往
往於淵潭中湧出陵阜十數里旦夕之間又復失去
雖舟師没人不能前知其深淺以故公私坐視覆溺
無如之何老弱叫號求救於湍沙之間聲未及終已

爲潮水卷去行路爲之流涕而已縱有勇悍敢往之人又多是盜賊利其財物或因而擠之能自全者百無一二性命之外公私亡失不知一歲凡幾千萬而衢睦等州人衆地狹所産五穀不足於食歲常漕蘇秀米至桐廬散入諸郡錢塘億萬生齒待上江薪炭而活以浮山之嶮覆溺留礙之故此數州薪米常貴又衢婺睦歙等州及杭之富陽新城二邑公私所食鹽取足於杭秀諸場以浮山之嶮覆溺留礙之故官給脚錢甚厚其所亡失與依託風水以侵盜者不可勝數此最其大者其餘公私利害未可以一二遽數

臣伏見宣德郎前權知信州軍州事侯臨因葬所生母於杭州之南蕩往來江濵相視地形訪聞父老參之舟人反復講求具得其實建議自浙江上流地名石門並山而東或因斥鹵弃地鑿為運河貼黃石門新河若出定山之南則地皆斥鹵不壞民田又自新河以北江水不到灌以河水皆可化為良田然近江土薄萬一江數十年後江水轉移河不堅久若自石門並山而東出定山之北則地堅土厚久遠無虞然度壞民田五六千畝又失所謂良田之利體問民田之良者不過畝一千以錢償之亦萬餘緡而已此二者更乞令監司及所差官詳議其利害引浙江及谿谷諸水凡二十二里有奇以達于江又並江為岸度潮水所向則用石所不向則用竹大凡八里有奇以達于龍山之大慈浦自大

慈浦北折抵小嶺下鑿嶺六十五丈以達于嶺東之古河因古河稍加浚治東南行四里有奇以達于今龍山之運河以避浮山之嶮度用錢十五萬貫用捍江兵及諸郡廂軍三千人二年而成臣與前轉運使葉温叟轉運判官張璹躬往按視皆如臨言凡福建兩浙士民聞臣與臨欲奏開此河萬口同聲以爲莫大無窮之利臣縱欲不言已爲衆論所迫勢不得默已臣聞之父老　章獻皇后臨朝日以江水有皇天蕩之嶮内出錢數十萬貫築長蘆起僧舍以拯溺者又見　先帝以長淮之嶮賜錢十萬貫米十萬石起

夫九萬二千人以開龜山河今浮山之嶮非特長蘆
龜山之比而二聖仁慈視民如傷必將捐十五萬緡
以平此積嶮也謹昧死上臨所陳開石門河利害事
狀一本及臣所差觀察推官董華用臨之説約度功
料（貼黃董華所料只是約度大數若蒙朝廷相度可以施行更乞別差官入細計料）及合用
錢物料狀一本并地圖一面伏乞降付三省看詳或
召臨赴省面加質問仍乞下本路監司或更特差官
同共相視若臣與臨言不妄乞自朝廷擘畫支賜錢
物施行臣觀古今之事非知之難言之亦易難在成
之而已臨之才幹衆所共知臣謂此河非臨不成伏

望　聖慈特賜訪問左右近臣必有知臨者乞專差
臨監督此役不惟救活無窮之性命完惜不貲之財
物又使數州薪米流通田野市井詠歌聖澤子孫不
忘臣不勝大願謹録奏聞伏俟　敕旨

貼黄今建此議不知者必有二難其一不過謂
浙江浮山之嶮經歷古今賢哲多矣若可平治
必不至今日知此乃巷議臆度不足取信只如
龜山新河易長淮為安流近日吕梁之嶮竊聞
亦已平治豈可謂古人偶未經意便謂今人不
可復作其一不過謂並江作岸為潮水所衝齧

必不能經久今浙江石岸亦有成規自古本用木岸轉運使張夏始易以石自龍山以東江水溢深石岸立於漲沙之上又潮頭爲西陵石磯所射正戰於岸下而四五十年隱然不動雖時有缺壞隨即脩完人不告勞官無所費今自大慈浦以西江水皆露出石脚而潮頭自龍山轉向西南則岸之易成而難壞非張夏所建東堤之比也

再乞發運司應副浙西米狀

元祐六年三月二十三日龍圖閣學士左朝奉郎前

知杭州蘇軾狀奏右臣近蒙恩詔召赴闕庭竊以浙西二年水災蘇湖為甚雖訪聞已詳而百聞不如一見故自下塘路由湖入蘇目覩積水未退下田固已沒於深水今歲必恐無望而中上田亦自渺漫婦女老弱日夜車畎而淫雨不止退寸進尺見今春晚並未下種鄉村闕食者衆至以糟糠雜芹蕈食之又為積水占壓薪芻難得食糟飲冷多至脹死並是臣親見即非傳聞春夏之間流殍疾疫必起逐州去年所糴常平米雖粗有備見今州縣出賣米價不甚翔踴但鄉村遠處飢羸之民不能赴城市收糴官吏欲差

舡載未下鄉散糶即所須數目浩瀚恐不能足用夏秋之間必大乏絶又自今已往若得滛雨稍止即農民須趂初夏秧種車水耕耘之勞十倍常歲全藉糧米接濟見今已自闕食至時必難施功縱使天假之年亦無所望公私狼狽理在必然臣去歳奏乞下發運司於江東淮南豐熟近便處糴米五十萬石準備浙西災傷州軍般運兊撥出糶賑濟尋蒙聖恩行下云已降指揮令發運司兊撥令起上供并封樁等錢一百萬貫趂時糴賣斛㪷封樁準備移用送户部依已得指揮餘依浙西鈐轄司所奏施行聖旨既下本

路具聞農民欣戴始有生意而發運司官吏全不上
體仁聖恤民之意奏稱淮南江東米價高貴不肯收
糴勘會浙西去歲米價例皆高貴杭州亦是七十足
錢收糴壹㪷雖是貴糴猶勝於無米坐視民死今來
發運司官吏親被聖旨全不依應施行只以米貴為
詞更不收糴使聖主已行之命頓成空言飢民待哺
之心中塗失望却便指準前年朝旨所撥上供米二
千萬石與本路内出糶不盡米一十六萬七千石有
零充填今來五十萬石數目外只乞於上供米内更
截撥二十萬石與本路相兼出糶切緣上件出糶不

盡米一十六萬七千餘石久已樁在本路臣元奏乞於發運司糴五十萬石之時已是指準上件米數支用外合更要五十萬石今來運司却將前件聖恩折充今年所賜吏民聞之何由心服臣已累具執奏未奉朝旨今來親見數州水災如此飢殍之勢極可憂畏既忝近侍理合奏聞豈敢為已去官遺患後人更不任責伏望聖慈察臣微誠垂愍一方特賜指揮發運司依元降指揮除已截撥二十萬石外更兌撥三十萬石與浙西諸州充出糶借貸如發運司去年元不收糴無可兌撥即乞一面截留上供米充滿五十

萬石數目却令發運司將封樁一百萬貫錢候今年
秋熟日收糴塡還若朝廷不以臣言爲然待飢饉疾
疫大作方行賑濟即恐須於別路運致錢米累雖百
萬亦恐不及於事謹録奏聞伏候敕旨

貼黃發運司奏云淮南宿亳等州災傷米價高
處七十七文江東米價高處七十文切緣臣元
奏乞於豐熟近便處收糴訪聞揚楚之間穀熟
米賤今來發運司却引宿亳等州米價最高處
以拒塞朝旨顯非仁聖勤恤及臣元奏乞本意
又貼黃若依發運司所奏將出糶不盡一十六

萬七千有餘石充數外猶合撥三十四萬石方
滿五十萬數今來只撥二十萬石顯虧元降聖
旨一十四萬石而況上件出糶不盡米已係前年
聖恩所賜發運司不合指準充數顯虧三十萬石
又貼黃如蒙施行乞下轉運司多撥數目與蘇
湖州如合賑濟更不拘去年放稅分數施行
又貼黃若行下有司反復住滯必不及事只乞
斷自 聖心速降指揮
杭州召還乞郡狀
元祐六年五月十九日龍圖閣學士左朝奉郎前知

杭州蘇軾狀奏右臣近奉詔書及　聖旨劄子不允
臣辭免翰林學士承旨恩命及乞郡事臣已第三次
奏乞除臣揚越陳蔡一郡去訖竊慮區區之誠未能
遽回天意須至盡露本心重干　聖聽皇恐死罪惶
恐死罪臣昔於治平中自鳳翔職官得替入朝首被
英宗皇帝知遇欲驟用臣當時宰相韓琦以臣年少
資淺未經試用故且與館職亦會臣丁父憂去官及
服闋入覲便蒙神宗皇帝召對面賜獎激許臣職外
言事自惟羈旅之臣未應得此豈非以英宗皇帝知
臣有素故耶是時王安石新得政變易法度臣若少

加附會進用可必自惟遠人蒙二帝非常之知不忍
欺天負心欲具論安石所為不可施行狀以裨萬一
然未測聖意待臣深淺因上元有旨買燈四千椀有
司無狀虧減市價臣即上書論奏先帝大喜即時施
行臣以此卜知先帝聖明能受盡言上疏六千餘言
極論新法不便後復因考試進士擬對御試策進上
并言安石不知人不可大用先帝雖未聽從然亦嘉
臣愚直初不譴問而安石大怒其黨無不切齒爭欲
傾臣御史知雜謝景溫首出死力彈奏臣丁憂歸鄉
日舟中曾販私鹽遂下諸路體量追捕當時梢工篙

手等考掠取證但以實無其事故鍛錬不成而止臣緣此懼禍乞出連三任外補而先帝眷臣不衰時因賀謝表章即對左右稱道黨人疑臣復用而李定何正臣舒亶三人構造飛語醞釀百端必欲致臣於死先帝初亦不聽而此三人執奏不已故臣得罪下獄定等選差悍吏皇遵將帶吏卒就湖州追攝如捕寇賊臣即與妻子訣別留書與弟轍處置後事自期必死過揚子江便欲自投江中而吏卒監守不果到獄即欲不食求死而先帝遣使就獄有所約敕故獄吏不敢別加非横臣亦覺知先帝無意殺臣故復留殘

喘得至今日及竄責黃州每有表疏先帝復對左右
稱道哀憐奬激意欲復用而左右固爭以為不可臣
雖在遠亦具聞之古人有言聚蚊成雷積羽沉舟言
寡不勝衆也以先帝知臣特達如此而臣終不免於
患難者以左右疾臣者衆也及陛下即位起臣於貶
所不及一年備位禁林遭遇之異古今無此臣每自惟
昆蟲草木之微無以伸報天地生成之德惟有獨立
不倚知無不言可以少報萬一始衔前差顧利害與
孫永傅堯俞韓維爭議因亦與司馬光異論光初不
以此怒臣而臺諫諸人逆探光意遂與臣為仇臣又

素疾程頤之姦未嘗假以色詞故頤之黨人無不側目自朝廷廢黜大姦數人而其餘黨猶在要近陰為之地特未發爾小臣周種乃敢上疏乞用王安石配享以嘗試朝廷料種草芥之微敢建此議必有陰主其事者是以上書逆折其姦鋒乞重賜行遣以破小人之謀因此黨人尤加忿疾其後又於經筵極論黃河不可回奪利害且上疏爭之遂大失執政意積此數事恐別致患禍又緣臂痛目昏所以累章力求補外竊伏思念自忝禁近三年之間臺諫言臣者數四只因發策草麻羅織語言以為謗訕本無疑似白加

誣執其間曖昧譖愬陛下察其無實而不降出者又不知其幾何矣若非二聖仁明洞照肝鬲則臣為黨人所傾首領不保豈敢望如先帝之赦臣乎自出知杭州二年粗免人言中間法外刺配顏章顏益二人蓋攻積弊事不獲已陛下亦已赦臣而言者不赦論奏不已其意豈為顏章等哉以此知黨人之意未嘗一日不在傾臣洗垢求瑕止得此事今者忽蒙聖恩召還擢用又除臣弟轍為執政此二事皆非大臣本意竊計黨人必大猜忌磨厲以須勢必如此聞命悸恐以福為災即日上章辭免乞郡行至中路果聞弟

轍爲臺諫所攻般出廨宇待罪又蒙陛下委曲照見
情狀方獲保全臣之剛褊衆所共知黨人嫌忌甚於
弟轍豈敢以衰病之餘復犯其鋒雖自知無罪可言
而今之言者豈問是非曲直竊謂人主之待臣子不
過公道以相知黨人之報怨嫌必爲巧發而陰中臣
豈敢恃二聖公道之知而傲黨人陰中之禍所以不
避煩瀆自陳入仕以來進退本末欲陛下知臣危言
危行獨立不回以犯衆怒者所從來遠矣又欲陛下
知臣平生冒涉患難危嶮如此今餘年無幾不免有
遠禍全身之意再三辭遜實非矯飾柳下惠有言直

道而事人焉往而不三黜臣若貪得患失隨世俛仰改其常度則陛下亦安所用臣若守其初心始終不變則群小側目必無安理雖蒙二聖深知亦恐終不勝衆所以反覆計慮莫若求去非不懷戀天地父母之恩而衰老之餘耻復與群小計較短長曲直為世閒高人長者所笑伏望聖慈察臣至誠特賜指揮執政撿會累奏只作親嫌回避早除一郡所有今來奏狀乞留中不出以保全臣子臣不勝大願若朝廷不以臣不才猶欲驅使或除一重難邊郡臣不敢辭避報國之心死而後已惟不願在禁近使黨人猜疑別

加陰中也干犯天威謹俟斧鑕臣不任祈天請命戰
恐殞越之至謹録奏聞伏候敕旨
貼黄臣受聖知最深故敢披露肝肺盡言無隱
必致當途怨怒愈為身災君臣不密周易所戒
故親書奏狀眼昏字大又涉不恭進退惟谷伏
望
聖慈寛赦臣不勝戰恐之至
撰上清儲祥宫碑奏請狀
元祐六年六月二十六日翰林學士丞旨左朝奉郎
知制誥兼侍讀蘇軾狀奏近准敕修蓋上清儲祥宫
將欲了畢合用修宫記差臣撰文并書石今有下項

事合奏請者

一竊見上清宮元係太宗皇帝剏建於慶曆中遺火焚蕩今欲見元建及遺火年月乞下史院檢會降下

一今來上清儲祥宮係神宗皇帝賜名方議修蓋至元祐中蒙内出錢物修蓋成就今欲見先朝所賜錢物并今來内出錢物數目及係是何庫錢支撥或係太皇太后皇帝本殿錢物並乞檢會降下

一今欲見神宗皇帝賜名修宮因依及二聖賜錢修蓋成就意指乞賜頒示

一臣竊見朝廷自來修建寺觀多是立碑仍有銘

文於體爲宜若只作記即更無銘未委今來爲

碑爲記乞降指揮

一准敕差臣書石合書篆額人銜位姓名乞檢會

降下

右謹録奏聞伏候敕旨

進單鍔吴中水利書狀單鍔書附卷末

元祐六年七月二日翰林學士承旨左朝奉郎知制誥

兼侍讀蘇軾狀奏右臣竊聞議者多謂吴中本江海

太湖故地魚龍之宅而居民與水爭尺寸以故常被

水患蓋理之當然不可復以人力疏治是殆不然臣

到吳中二年雖為多雨亦未至過甚而蘇湖常三州皆大水害稼至十七八今年雖為淫雨過常三州之水遂合為一太湖松江與海渺然無辨者蓋因二年不退之水非今年積雨所能獨致也父老皆言此患所從來未遠不過四五十年耳而近歲特甚蓋人事不修之積非特天時之罪也三吳之水瀦為太湖湖之水溢為松江以入海海水日兩潮潮濁而江清潮水常欲淤塞江路而江水清駛隨輒滌去海口常通故吳中少水患昔蘇州以東官私舡舫皆以篙行無陸挽者古人非不知為挽路以松江入海太湖之咽

唊不敢鯁塞故也自慶曆以來松江始大築挽路建長橋植千柱水中宜不甚礙而夏秋漲水之時橋上水常高尺餘況數十里積石壅土築為挽路乎自長橋挽路之成公私漕運便之日葺不已而松江始艱噎不快江水不快軟緩而無力則海之浘沙隨潮而上日積不已故海口埋滅而吴中多水患近日議者但欲發民浚治海口而不知江水艱噎雖暫通快不過歲餘浘沙復積水患如故今欲治其本長橋挽路固不可去惟有鑿挽路於舊橋外別為千橋橋谼各二丈千橋之積為二千丈水道松江宜加迅駛然後

官私出力以浚海口海口既浚而江水有力則泥沙不復積水患可以少衰臣之所聞大略如此而未得其詳舊聞常州宜興縣進士單鍔有水學故召問之出所著吳中水利書一卷且口陳其曲折則臣言止得十二耳臣與知水者考論其書疑可施用謹繕寫一本繳連進上伏望聖慈深念兩浙之富國用所恃歲漕都下米百五十萬石其它財賦供饋不可悉數而十年九澇公私凋弊深可憫惜乞下臣言與鍔書委本路監司躬親按行或差強幹知水官吏考實其言圖上利害臣不勝區區謹錄奏聞伏候敕旨

辤免撰趙瞻神道碑狀

元祐六年七月日翰林學士承旨左朝奉郎知制誥兼侍讀蘇軾狀奏准敕差撰故中散大夫同知樞密院趙瞻神道碑并書者右臣平生不為人撰行狀埋銘墓碑士大夫所共知近日撰司馬光行狀蓋為光曾為亡毋程氏撰埋銘又為范鎮撰墓誌蓋為鎮與先臣洵平生交契至深不可不撰及奉詔撰司馬光富弼等墓碑不敢固辤然終非本意况臣老病廢學文辤鄙陋不稱人子所以欲顯揚其親之意伏望聖慈别擇能者特許辤免謹録奏聞伏候敕旨

再乞郡劄子

元祐六年七月六日翰林學士承旨左朝奉郎知制誥兼侍讀蘇軾劄子奏臣聞朝廷以安靜爲福人臣以和睦爲忠若喜怒愛憎互相攻擊則其初爲朋黨之患而其末乃治亂之機甚可懼也臣自被命入覲屢以血懇頻干一郡非獨顧衰命爲保全之計實深爲朝廷求安靜之理而事有難盡言者臣與賈易本無嫌怨只因臣素疾程頤之姦形於言色此臣剛褊之罪也而賈易頤之死黨專欲與頤報怨因頤教誘孔文仲令以其私意論事爲文仲所奏頤既得罪易

亦坐去而易乃於謝表中誣臣弟轍漏泄密命緣此
再貶知廣德軍故怨臣兄弟最深臣多難早衰無心
進取豈復有意記憶小怨而易在必報未嘗一日忘
臣其後召為臺官又論臣不合刺配杭州凶人顔章
等以此見易於臣不報不已今既擢貳風憲付以雄
權升沉進退在其口吻臣之綿劣豈勞排擊觀其意
趣不久必須言臣并及弟轍轍既備位執政進退之
間事關國體則易必須扇結黨與再三論奏煩瀆聖
聽朝廷無由安静皆臣愚惷不早迴避所致若不早
賜施行使臣終不免被人言而去則臣雖自顧無罪

中無所愧而於二聖眷待獎與之意則似不終竊惟
天地父母之愛亦必悔之伏乞檢會前奏速除一郡
此疏即乞留中庶以保全臣子取進止
貼黃臣前在南京所奏乞留中一狀亦乞更賜
詳覽施行
又貼黃臣從來進用不緣他人中外明知獨受
聖眷乞賜保全令得以理進退若不早與一郡
使臣不免被人言而出天下必謂臣因蒙聖知
故遭破壞所損不細矣
又貼黃臣未請杭州以前言官數人造作謗議

皆言屢有章疏言臣二聖曲庇不肯降出臣尋
有奏狀乞賜施行遂蒙付外考其所言皆是羅
織以無為有只如經筵進朱雲故事云是離間
大臣之類中外傳笑以謂聖世乃有此風令臣
若更少留必須捃拾似此等事雖聖明洞照有
無而黨與既衆執奏不已則朝廷終亦難違其
意縱未責降亦須出臣勢必如此何如今日因
臣親嫌之請便與一郡以全二聖始終之恩若
聖慈於臣眷眷不已不行其言則必須騰謗以
謂二聖私臣曲行庇蓋臣既未能補報萬一而

使浮議上及聖明死有餘罪矣伏乞痛賜閔察

早除一郡

乞將上供封樁斛㪷應副浙西諸郡接續糶米劄子

元祐六年七月十二日翰林學士承旨左朝奉郎知制誥兼侍讀蘇軾劄子奏臣伏見浙西諸郡二年災傷而今歲大水蘇湖常三郡水通爲一農民棲於丘墓舟栰行於市井父老皆言耳目未曾聞見流殍之勢甚於熈寧臣聞熈寧中杭州死者五十餘萬蘇州三十餘萬未數他郡今既秋田不種正使來歲豐稔亦須七月方見新穀其間饑饉變故未易度量其人

雖號柔弱不爲大盜而宣歙之民勇悍者多以販鹽
爲業百十爲群往來浙中以兵杖護送私鹽官司以
其不爲他盜故略而不問今人既無食不暇販鹽則
此等失業聚而爲寇或得豪猾爲之首帥則非復巡
檢縣尉所能辨也恭惟二聖視民如子苟有可救無
所吝惜凡守臣監司所乞一一應副可謂仁聖勤恤
之至矣然臣在浙中二年親行荒政只用出糶常平
米一事更不施行餘策而米價不踊卒免流殍蓋緣
官物有限飢民無窮若兼行借貸俵散則力必不及
中路闕絶大悮飢民不免拱手而視億萬之死也不

如併力一意專務糴米若糴不絶則市價平和人人
受賜縱有貧民無錢可糴不免流殍蓋亦有限量矣
臣昨日得杭州監稅蘇堅書報臣云杭州日糴三千
石過七月無米可糴人情洶洶朝不謀夕但官場一
旦米盡則市價倍踊死者不可勝數變故之生恐不
可復以常理度矣欲乞聖慈速降指揮令兩浙運司
限一兩日內約度浙西諸郡合糴米斛酌中數目直
至來年七月終除見在外合用若干石入急遞奏聞
候到即指揮發運司官吏於轄下諸路封樁及年計
上供錢斛內擘畫應副須管接續起發赴浙西諸郡

糶賣不管少有闕絶仍只依地頭元價及量添水脚
錢出賣及賣到米脚錢並用收買金銀還充上供及
封樁錢物所貴錢貨流通不至錢荒所有借貸俵散
之類候出糶有餘方得施行似此計置雖是數目浩
瀚然止於糶賣不失官本似易應副但令浙西官場
糶米不絶直至來年七月終則雖天災流行亦不能
盡害陛下赤子也如蒙施行即乞先降手詔令監司
出牓曉諭軍民令一路曉然知朝廷已有指揮令發
運司將上供封樁斛㪷應副浙西諸郡糶米直至明
年七月終不惟安慰人心破姦雄之謀亦使蓄積之

家知不久官米大至自然趂時出賣所濟不少惟望

聖明深懸一方危急早賜施行取進止

貼黄臣去歲奏乞下發運司於豐熟近便州軍

糴米五十萬石蒙聖恩依奏施行仍賜封樁錢

一百萬貫令糴米而發運司以本路米貴為詞

不肯收糴去年若用貴價收糴不過每㪷七十

足錢盡數收糴猶可得百餘萬石則今年出糶

所濟不少其發運司官吏不切遵禀之罪朝廷

未嘗責問習玩號令事無由集今來若行臣言

即乞嚴切指揮發運司稍有闕悞必行重責所

貴一方之民得被實惠所下號令不爲空言

乞擢用程遵彦狀

元祐六年七月日翰林學士承旨左朝奉郎知制誥兼侍讀蘇軾狀奏右臣竊謂朝廷用人以行實爲先以才用爲急二者難兼故常不免偏取而端靜之士雖有過人之行應務之才又皆藏器待時恥於自獻朝廷莫得而知之如臣等輩固當各舉所聞以助樂育之意伏見左朝散郎前簽書杭州節度判官廳公事程遵彦吏事周敏學問該洽文詞雅麗三者皆有可觀而事毋孝謹有絶人者毋性嚴甚遵彦甚宜其

妻而毋不悅遵彦出之妻既被出孝愛不衰歲時伏臘所以事姑者如未出而毋卒不悅遵彦亦不再娶十五年矣身爲僕妾之役以事其毋雖前史所傳孝友之士殆不能過臣與之同僚二年備得其實今替還都下未有差遣碌碌衆中未嘗求人臣竊惜之伏望聖慈特賜採察量材録用非獨廣搜賢之路亦以敦厲孝悌激揚風俗若後不如所舉臣甘伏朝典謹録奏聞伏候敕旨

乞外補迴避賈易劄子

元祐六年七月二十八日翰林學士承旨左朝奉郎

知制誥兼侍讀蘇軾劄子奏臣自杭州召還以來七
上封章乞除一郡又曾兩具劄子乞留中省覽傾瀝
肝膽不為不至而天聽高遠不蒙回照退伏思念不
寒而慄然臣計之已熟若干忤天威得罪分明不避
權要獲譴曖昧臣今來甘被分明之罪不願受曖昧
之譴臣聞賈易購求臣罪未有所獲只有法外刺配
顔章顔益一事必欲收拾砌累以成臣罪易前者乞
放顔益已蒙施行今又乞放顔章以此見易之心未
嘗一日不在傾臣只如浙西水災臣在杭州及替還
中路并到闕以來累次奏論詞意懇切尋蒙聖恩採

納施行而易扇揺臺官安鼎楊畏並入文字以謂回
邪之人眩惑朝廷乞加考驗治其尤者宰相以下心
知其非然畏易之狠不敢不行賴給事中封駮諫官
論奏方持其議易等但務快其私忿苟可以傾臣即
不顧一方生靈墜在溝壑若非給事中范祖禹諫官
鄭雍姚勔偶非其黨猶肯為陛下腹心耳目依公論
奏則行下其言浙中官吏承望風旨更不敢以實奏
災傷則億萬性命流亡寇賊意外之患何所不至陛
下指揮執政擘劃救濟非不丁寧而易等方欲行遣
官吏言災傷者與聖意大異而執政相顧不言僶俛

行下顯是威勢已成上下懾服盜遠二聖指揮莫違賈易意旨臣是何人敢不迴避若不早去不過數日必爲易等所傾一身不足顧惜但恐傾臣之後朋黨益衆羽翼成就非細故也不如今日令臣以親嫌善去中外觀望於朝廷事體未有所害臣之大意止是乞出若前來早賜施行臣本不敢盡言只爲累章不允計窮事迫須至盡述本心不敢有隱毫末伏望聖明察其至誠止是欲得外補即非無故論訟是非特賜留中省覽以保全臣子不勝幸甚取進止

辨賈易彈奏待罪劄子

元祐六年八月初四日翰林學士承旨左朝奉郎知
制誥兼侍讀蘇軾劄子奏臣今月三日見弟尚書右
丞轍為臣言御史中丞趙君錫言秦觀來見君錫稱
被賈易言觀私事及臣令親情王遹狂見君錫臺諫
等互論兩浙災傷及賈易言秦觀事乞賜推究臣愚
惷無狀常不自揆竊懷憂國愛民之意自為小官即
好僭議朝政屢以此獲罪然受性於天不能盡改臣
與趙君錫以道義交游每相見論天下事初無疑間
近日臣召赴闕見君錫崇政殿門即與臣言老繆非
才當此言責切望朋友教誨臣自後兩次見君錫凡

所與言皆憂國愛民之事乞問君錫若有一句及私
臣為罔上君錫尋有手簡謝臣其略云車騎臨過獲
聞誨益諄諄開誘莫非師保之訓銘鏤肝肺何日忘
之臣既見君錫從來傾心以忠義相許故敢以士君
子朋友之義盡言無隱又秦觀自少年從臣學文詞
釆絢發議論鋒起臣實愛重其人與之密熟近於七
月末間因弟轍與臣言賈易等論浙西災傷乞考驗
虛實行遣其尤甚者意令本處官吏觀望風旨必不
敢實奏行下却為給事中封駮諫官論奏臣因問弟
轍云汝既備位執政因何行此文字轍云此事衆人

心知其非然臺官文字自來不敢不行若不行即須
群起力爭喧瀆聖聽又弟轍因言秦觀言趙君錫薦
舉得正字令又為賈易所言臣緣新自兩浙來親見
水災實狀及到京後得交代林希提刑馬瑊及屬吏
蘇堅等書皆極言災傷之狀甚於臣所自見臣以此
數次奏論雖蒙聖恩極力拯救猶恐去熟日遠物力
不足未免必致流殍若更行下賈易等所言則官吏
畏懼臺官更不敢以實言災傷致朝廷不復盡力救
濟則億萬生齒便有溝壑之憂適會秦觀訪臣遂因
議論及之又實告以賈易所言觀私事欲其力詞恩

命以全進退即不知秦觀往見君錫更言何事又是
日王遹亦來見臣云有少事謁中丞臣知遹與君錫
親自來密熟因令傳語君錫大略云臺諫給事中互
論災傷公為中丞坐視一方生靈陷於溝壑略無一
言乎臣又語遹說與君錫公所舉秦觀已為賈易言
了此人文學議論過人宜為朝廷惜之臣所令王遹
與趙君錫言事及與秦觀所言止於此矣二人具在
可覆按也臣本為見上件事皆非國家機密不過行
出數日無人不知故因密熟相知議論及之又欲以
忠告君錫欲其一言以救兩浙億萬生齒不為觸忤

君錫遂致於此此外別無情理者右臣既備位從官
弟轍以臣是親兄又忝論思之地不免時時語及國
事臣不合輙與人言至煩彈奏見已家居待罪乞賜
重行朝典取進止

辨題詩劄子

元祐六年八月初八日翰林學士承旨左朝奉郎知
制誥兼侍讀蘇軾劄子奏臣今月七日見臣弟轍與
臣言趙君錫賈易言臣於元豐八年五月一日題詩
揚州僧寺有欣幸先帝上僊之意臣今省憶此詩自
有因依合具陳述臣於是歲三月六日在南京聞先

帝遺詔舉哀掛服了當迤邐往常州是時新經大變臣子之心孰不憂懼至五月初間因往揚州竹西寺見百姓父老十數人相與道旁語笑其間一人以兩手加額云見説好箇少帝官家其言雖鄙俗不典然臣實喜聞百姓謳歌吾君之子出於至誠又是時臣初得請歸耕常州盖將老焉而淮浙間所在豐熟因作詩云此生已覺都無事今歲仍逢大有年山寺歸來聞好語野花啼鳥亦欣然蓋喜聞此語故竊記之於詩書之當途僧舍壁上臣若稍有不善之意豈敢復書壁上以示人乎又其時去先帝上僊已及兩月

決非山寺歸來始聞之語事理明白無人不知而君錫等輒敢挾情公然誣罔伏乞付外施行稍正國法所貴今後臣子不爲仇人無故加以惡逆之罪取進止

奏狀

元祐六年八月八日翰林學士承旨左朝奉郎知制誥兼侍讀蘇軾狀奏准尚書省劄子蘇軾元豐八年五月一日於揚州僧寺留題詩一首八月八日三省同奉聖旨令蘇軾具留題因依實封聞奏右臣所有前件詩留題因依臣已於今日早具劄子奏聞訖乞檢會降付三省施行謹録奏聞伏候敕旨

録進單鍔吳中水利書

切觀三州之水爲患滋久較舊賦之入十常減其五六以日月指之則水爲害於三州逾五十年矣所謂三州者蘇常湖也朝廷屢責監司監司每督州縣又間出使者尋按舊迹使講明利害之原然而西州之官求東州之利目未嘗歷覽地形之高下耳未嘗講聞湍流之所從來州縣憚其經營百姓厭其出力鈞曰水之患天數也按行者駕輕舟於汪洋之陂視之茫然猶擿埴索途以爲不可治也聞有忠於國志於民深求而力究之然有知其一而不知其二知其末

而不知其本詳於此而略於彼故有曰三州之水咸
注之震澤震澤之水東入於松江由松江以至於海
自慶曆以來吳江築長堤橫截江流由是震澤之水
常溢而不泄以至壅灌三州之田此知其一偏者也
或又曰由宜興而西溧陽縣之上有五堰者古所以
節宣歙金陵九陽江之衆水由分水銀林二堰直趍
太平州蕪湖後之商人由宣歙販賣簰木東入二浙
以五堰為艱阻因相為之謀罔給官中以廢去五堰
五堰既廢則宣歙金陵九陽江之水或遇五六月山
水暴漲則皆入於宜興之荊溪由荊溪而入震澤蓋

上三州之水東灌蘇常湖也此又知其一偏者耳或
又曰宜興之有百瀆古之所以洩荆溪之水東入二
震澤也今已堙塞而所存者四十九條疏此百瀆則
宜興之水自然無患此亦知其一偏者也三者之論
未甞參究得之既不詳攻之則易破以鍔視其迹自
西五堰東至吴江岸猶之一身也五堰則首也荆溪
則咽喉也百瀆則心也震澤則腹也傍通太湖衆瀆
則絡脉衆竅也吴江則足也今上廢五堰之固而宣
歙池九陽江之水不入蕪湖反東注震澤下又有吴
江岸之阻而震澤之水積而不泄是猶有人焉桎其

手縛其足塞其衆竅以水沃其口沃而不已腹滿而
氣絶視者恬然猶不謂之已死今不治吳江岸不疏
諸瀆以泄震澤之水是猶沃水於人不去其手桎不
解其足縛不除其竅塞恬然安視而已誠何心哉然
而百瀆非不可治五堰非不可復吳江岸非不可去
蓋治之有先後且未築吳江岸已前五堰其廢已久
然而三州之田尚十年之間熟有五六五堰猶未爲
大患自吳江築岸已後十年之間熟無一二欲具驗
之閱三州歲賦所入之數則可見矣且以宜興百瀆
言之古者所以泄西來衆水入震澤而終歸于海蓋

震澤吐納衆水今納而不吐鍔竊視熙寧八年時雖
大旱然連百瀆之田皆魚游鱉處之地低汙之甚也
其田去百瀆無多遠而田之苗是時亦皆旱死何哉
蓋百瀆及傍穿小港瀆歷年不遇旱皆為泥沙堙塞
與平地無異矣雖去震澤甚邇民力難以私舉時官
又無留意疏導者苗卒歸乎槁死自熙寧八年迄今
十四載其田即未有可耕之日歲歲訴潦民益憔悴
昔嘉祐中邑尉阮洪深明宜興水利方是時吳中水
洪屢上書監司乞開通百瀆監司允其請遂鳩工於
食利之民疏導四十九條是年大熟此百瀆之驗歲

水旱皆不可不開也宜興所利非止百瀆而已東則有蠡河橫亘荊溪東北透湛瀆東南接罨畫溪昔范蠡所鑿與宜興之西蠡運河皆以昔賢名呼其蠡河遇大旱則淺澱中旱則通流又有孟涇泄滆湖之水入震澤其他溝瀆澱塞其名不可縷舉夫吳江岸界於吳松江震澤之間岸東則江岸西則震澤江之東則大海也百川莫不趍海自西五堰之上衆川由荊溪入震澤注于江由江歸于海地傾東南其勢然也自慶曆二年欲便糧運遂築北隄橫截江流五六十里遂致震澤之水常溢而不泄浸灌三州之田每至

五六月之間湍流峻急之時視之則吴江岸之東水常低岸西之水不下一二尺此隄岸阻水之迹自可覽也又覩岸東江尾與海相接之處汙澱茭蘆叢生沙泥漲塞而又江岸之東自築岸已來沙漲成一村昔爲湍流奔湧之地今爲民居民田桑棗場圃吴江縣由是歲增舊賦不少雖然增一邑之賦反損三州之賦不知幾百倍耶夫江尾昔無茭蘆壅障流水今何至此蓋未築岸之前源流東下峻急築岸之後水勢遲緩無以滌蕩泥沙以至增積而茭蘆生茭蘆生則水道狹水道狹則流洩不快雖欲震澤之水不積

其可得耶今欲泄震澤之水莫若先開江尾茭蘆之地遷沙村之民運其所漲之泥然後以吳江岸鑿其土為木橋千所以通糧運每橋用耐水土木二條各長二丈五尺橫梁三條各長六尺柱六條各長二丈除首尾占闊外可得二丈餘纔通每一里計三百六十步一里為橋十所計除占闊外可開水面二千三丈每三十步一橋也一千條橋共開水面二千丈計一十一里四十步也隨橋谼開茭蘆為港走水仍於下流開白蜆安亭二江使太湖水由華亭青龍入海則三州水患必大衰減常州運河之北偏乃江陰

縣也其地勢自河而漸低上自丹陽下至無錫運河之北偏古有泄水入江瀆一十四條曰孟瀆曰黄汀堰瀆曰東函港曰北戚氏港曰五卸堰港曰梨溶港曰蔣瀆曰歐瀆曰魏瀆曰涇曰支子港曰蠡瀆曰牌（一作碑）涇皆以古人名或以姓稱之昔皆以泄衆水入運河立斗門又北泄下江陰之江今名存而實亡今存者無幾二浙之糧舡不過五百石運河止可常存五六尺之水足可以勝五百石之舟以其一十四處立為石碶斗門每瀆於岸北先築隄岸則制水入江若無隄防則水泛溢而不制將見灌浸江陰之民田民居

矣昔熙寧中有提舉沈披者輙去五卸堰走運河之
水北下江中遂害江陰之民田為百姓所訟即罷提
舉亦嘗被罪始欲以為利而適足以害之此未達古
人之智以至敗事也切見近日錢塘進士余默兩進
三州水利徒能備陳功力鎻細之事殊不知本末惟
有言得常州運河晉陵至無錫一十四處置㪷門泄
水北下江陰大江雖三尺童子亦知如此可以為利
然余默雖能言㪷門一事合鍔鄙策奈何無法度以
制入江之水行之則又豈止為一沈披耶又覩主簿
張寔進狀言吳江岸為阻水之患涇函不通其言然

則然矣雖言吴江岸而不言措置水之術蓋古之所創涇函在運河之下用長梓木爲之中用銅輪力水衝之則草可刈也置在運河底下暗走水入江今常州有東西二函地名者乃此也昔治平中提刑元積中開運河嘗開見函管但見函管之中皆泥沙以謂功力甚大非可易復遂已今先開鑿江湖海故道堙塞之處泄得積水他日治函管則可若未能開故道而先治函管是知末而不知本也切見常州運河之北偏皆江陰低下之田常患積水難以耕植今河上爲斗門河下築堤防以管水入江百姓由是緣此河

隄可以作田圍此泄水利田之兩端也宜興縣西有夾苧干瀆在金壇宜興武進三縣之界東至滆湖及武進縣界西南至宜興北至金壇通接長塘湖西接五堰茅山薛步山水直入宜興之荆溪其夾苧干蓋古之人亦所以泄長塘湖東入滆湖泄滆湖之水入大吴瀆塘口瀆白魚灣高梅瀆四瀆及白鶴溪而北入常州之運河由運河而入一十四條之港北入大江今一十四條之港皆名存而實亡累有知利便者獻議朝廷欲依古開通北入運河以注大江自滆湖長塘湖兩首各開三分之二為彼田戶皆豪民不知利

便唯恐開鑿已田隂構胥吏皆梃而不行元豐之間
金壇令曾長官奏請乞開朝廷又降指揮委江東及
兩浙兩路監司相度及近縣官員相視又為彼豪民
計構不行儻開夾苧千通流則西來他州入震澤之
水可以殺其勢深利於三州之田也鍔熙寧八年歲
遇大旱切觀震澤水退數里清泉鄉湖乾數里而其
地皆有昔日丘墓街并枯木之根在數里之間信知
昔為民田今為太湖也太湖即震澤也以是推之太
湖寬廣愈於昔時昔云有三萬六千頃自築吳江岸
及諸港瀆堙塞積水不泄又不知其愈廣幾多頃也

鍔又嘗見低下之田昔人爭售之今人爭棄之蓋積年之水十無一熟積空頭之税或遇頻年不收則饑餓丐殍鬻妻子以償王租或置其田捨其廬而逋至於酒坊處在水鄉沽賣不行以致敗闕者比年尤甚皆緣水傷下田不收故也鍔又嘗遊下鄉切見陂𡉏之間亦多丘墓皆為魚鼈之宅且古之葬者不即高山則於平原陸野之間豈即水穴以危亡䆅耶嘗得唐埋銘於水穴之中今猶存焉信夫昔為高原今為汙澤今之水不泄如古也昨熈寧間檢正張諤命屬吏殿丞劉懿相視蘇秀二州海口諸浦瀆為沙泥壅

塞將欲疏鑿以快流水戇相視回申以謂若開海口諸浦則東風駕海水倒注反灌民田鍔謂戇曰地傾東南百川歸海古人聞諸海浦所以通百川也若反灌民田古人何為置諸浦耶百川東流則有常西流則有時因東風雖致西流風息則其流亦復歸于海其勢然也凡江湖諸浦港勢亦一同戇雖信其如此然猶有說蓋以昔視諸浦無倒注之患而今乃有之蓋昔無吳江岸之阻諸浦雖暫有涅沙之壅然百川湍流浩急涅沙自然滌蕩隨流以下今吳江岸阻絕百川湍流緩慢緩慢則其勢難以蕩滌沙涅設使今

日開之明日復合又聞秀州青龍鎮入海諸浦古有七十二會蓋古之人以為七十二會曲折宛轉者蓋有深意以謂水隨地勢東傾入海雖曲折宛轉無害東流也若遇東風駕起海潮洶湧倒注則於曲折之間有所回激而浞沙不深入也後人不明古人之意而一皆直之故或遇東風海潮倒注則浞沙隨流直上不復有阻凡臨江湖海諸港浦勢皆如此所謂今日開之明日復合者此也今海浦昔日曲折宛轉之勢不可不復也夫利害掛於眉睫之間而人有所不知今欲泄三州之水先開江尾去其浞沙茭蘆遷沙

上之民次疏吴江岸爲千橋次置常州運河一十四處之斗門石䃮隄防管水入江次開導臨江湖海諸縣一切港瀆及開通茜涇水既泄矣方誘民以築田圍昔郟亶嘗欲使民就深水之中疊成圍岸夫水行於地中未能泄積水而先成田圍以狹水道當春夏湍流浩急之時則水當湧行於田圍之上非止壞田圍且淹浸廬舍矣此不智之甚也欲乞朝廷指揮下兩浙轉運司擇智力了幹官員分布諸縣則不越數月其工可畢所有創橋疏通河港置斗門利便制度不在覼覼而言也今所畫三州江湖溪海圖一本但可

觀其大略港瀆之名亦布其一二耳欲見其詳莫若下蘇常湖諸縣各盡溪河溝港圖一本各言某河某瀆通某縣某處俟其悉上合而為一圖則纖悉若視於指掌之間也鍔又覩秀州青龍鎮有安亭江一條自吳江東至青龍由青龍泄水入海昔因監司相視恐走透商稅遂塞此一江其江通華亭及青龍夫籠截商稅利國能有幾耶堰塞湍流其害實大又況措置商稅不為難事竊聞近日華亭青龍人户相率陳狀情願出錢乞開安亭江見有狀在本縣官吏未與施行近又訪得宜興西滆湖有二瀆一名白魚灣一

名大吴瀆泄滿湖之水入運河由運河入二十四處斗

門下江其二瀆在塘口瀆之南又有一瀆名高梅瀆

亦泄滿湖之水入運河由運河入斗門在吴瀆之南

近聞知蘇州王覿奏請開海口諸浦鍔初謂海口諸

浦不可開今開之不逾日或遇東風則淤沙又合矣

嘗觀考工記曰善溝者水齧之善防者水淫之蓋謂

上水湍流峻急則自然下水淤沙齧去矣今若俟開

江尾及疏吴江岸為橋與海口諸浦同時興功則自

然上流東下齧去諸浦沙淤矣凡欲疏通必自下而

上先治下則上之水無不流若先治上則水皆趨下

漫滅下道而不可施功力其勢理然也故今治三州
之水必先自江尾海口諸浦疏鑿吳江岸及置常州
一十四處之斗門築堤制水入江比與吳江兩處分泄
積水最為先務也然鍔觀合開三州諸溝瀆不必全
藉官錢蓋三州之民憔悴之久人人樂開故半可以
資食利户之力也今略舉其一二若開江尾疏吳江
岸為橋遷吳江岸東一村之民開地復為昔日之江
置一十四處之斗門并築一十四條堤制水入江開夾苧
干白鶴溪白魚灣大吳瀆塘口瀆宜興東蠡河已上
非官錢不可開也若宜興之橫塘百瀆蘇州之海口

諸浦安亭江江陰之季子港春申港下港黄田港利
港宜興之塘頭瀆及諸縣凡有自古泄水諸溝港浜
瀆盡可資食利户之力也莫若先下三州及諸縣抄
録諸道江湖海一切諸港瀆溝浜自古有名者及供
上丈尺料之功力之費或係官錢或係食利私力期
之以施工日月同日開鑿同日疏放若或放水有先
後則上水奔湧東下衝損在下開未畢溝港以故須
同日決放也或者有謂昔人創望亭呂城奔牛三堰
蓋爲丹陽下至無錫蘇州地形東傾古人創三堰所
以慮運河之水東下不制是以創堰以節之以通漕

運自熙寧治平間廢去望亭呂城二堰然亦不妨綱運者何耶鍔曰昔之太湖及西來衆水無吳江岸之阻又一切通江湖海故道未嘗堙塞故運河之水嘗慮走泄入於江湖之間是以置堰以節之今自慶曆以來築置吳江岸及諸港浦一切堙塞是以三州之水常溢而不泄二堰雖廢水亦常溢去堰若無害今若泄江湖之水則二堰尤宜先復不復則運河將見涸而糧運不可行此灼然之利害也又若宜興創市橋去西津堰蓋嘉祐中邑尉阮洪上言監司就長橋東市邑中創一橋使運河南通荆溪初開鑿市街乃

見昔日橋柱尚存泥中咸謂古為橋於此也又運河之西口有古西津堰今已廢去久矣且古之廢橋置堰以防走透運河之水今也置橋廢堰以通荊溪則溪水常倒注入運河之內今之與古何利害之相反耶鍔以謂古無吳江岸衆水不積運河高於荊溪是以塞橋置堰以防泄運河之水也今因吳江岸之阻衆水積而常溢倒注運河之內是以創橋廢堰見利而不見害也今若治吳江岸泄衆水則運河之水再防走泄當於北門之外創一堰可也其利害蓋如此也或又曰切觀諸縣高原陸野之鄉皆有塘圩或三

百畝或五百畝為一圩蓋古之人停瀦水以灌溉民
田以今視之其塘之外皆水塘之中未甞瀦水又未
甞植苗徒牧養牛羊畜放鳬鴈而已塘之所創有何
益耶鍔曰塘之為塘是猶堰之為堰也昔日置塘瀦
水以防旱歲今自三州之水久溢而不泄則置而為
無用之地若決吳江岸泄三州之水則塘亦不可不
開以瀦諸水猶堰之不可不復也此亦灼然之利害
矣苟堰與塘為無益則古人奚為之耶蓋古之賢人
君子大智經營莫不除害興利出於人之未到後人
之淺謀管見不達古人之大智顛倒穿鑿徒見其害

而莫見其利也若吳江岸止知欲便糧運而不知遏三州之水反以為害又若廢青龍安江亭徒知不漏商旅之稅又不知反狹水道以遏百川今之人所以戾古者凡如此也鍔初觀無錫縣城內運河之南偏有小橋由橋而南下則有小瀆瀆南透梁溪瀆有小堰名曰單將軍堰自橋至梁溪其瀆不越百步堰雖有亦不渡舡筏梁溪即接太湖昔所以為此堰者恐泄運河之水昔熈寧八年是歲大旱運河皆旱涸不通舟楫是時鍔自武林過無錫因見將軍堰既不渡舡筏而開是瀆者古人豈無意乎因語與邑宰焦千

之曰今運河不通舟楫切覩將軍堰接運河去梁溪無百步之遠古人置此堰瀆意欲取梁溪之水以灌運河千之始則以鍔言為狂終則然之遂率民車四十二管車梁溪之水以灌運河五日河水通流舟楫往來信夫古人經營利害凡一溝一瀆皆有微意而今人昧之也嘗見蘇州之茜涇昔范仲淹命工開導以泄積水以入于海當時諫官不知蘇州患在積水不泄咸上疏言仲淹走泄姑蘇之水蓋不知其利而返以為害今茜涇自仲淹之後未復開鑿亦久堙塞鍔存心三州水利凡三十年矣每覩一溝一瀆未嘗不明

古人之微意其間曲折宛轉皆非徒然也鍔今日之

議未始增廣一溝一瀆其言與圖符合若非觀地之

勢明水之性則無以見古人之意今并圖以獻惟執

事者上之　朝廷則庶幾三州憔悴之民有望於今

日也

貼黄其圖畫得草略未敢進上乞下有司計會

單鍔别畫

一先開吴江縣江尾茭蘆地

一先遷吴江沙上居民及開白蜆江通青龍鎮又

開青龍鎮安亭江通海

一先去吴江土為千橋

一先置常州運河斗門二十四所用石砌并築堤管水入江

一次開茭芦干白鶴溪白魚灣塘口瀆大吴瀆令長塘湖滆湖相連走泄西水入運河下斗門入江

一次開宜興百瀆見今只有四十九條東入太湖

一次開蘇州茜涇白茅七鴉福山梅里諸浦及茜涇

一次開江陰下港黄田春申季子竈子諸港

一次開宜興東西蠡河

一次根究諸臨江湖海諸縣凡泄水諸港瀆並皆
䟽鑿
伍堰水利昔錢舍人公輔為守金陵常究伍堰之利
雖知五堰之利而不知五堰以東三州之利害鍔知
三州之水利而未究伍堰以西之利害一日錢公輔
以世之所為伍堰之利害與鍔參究方知始末利害
之議完也公輔以為伍堰者自春秋時吳王闔閭用
伍子胥之謀伐楚始創此河以為漕運春冬載二百
石舟而東則通太湖西則入長江自後相傳未始有
廢至李氏時亦常通運而置牛於堰上挽拽舡筏於

固城湖之側又嘗設監官置廨宇以收往來之稅自是河道澱塞堰埭低狹虛務添置者十有一堰往來舟筏莫能通行而水勢遂不復西及遇春夏大水江湖泛漲則圂頭王母龍潭三澗合為一道而奔衝東來河之不治愈可見也今若開深故道而存留銀林分水二堰則諸堰盡可去矣所欲存二堰者蓋本處地勢自銀林堰以西地形從東迤邐西下自分水堰以東地形從西迤邐東下而其河自西壩至東壩十六里有餘開淘之際須隨逐處地形之高下以濬之然後江東兩浙可以無大水之患然銀林堰南則通

建平廣德北則通溧水江寧又當增修高廣以俟商旅舟舡往還之多可以置官收稅如前之利此五堰所以不可不復也今莫若治五堰使上之水不入於荆溪而由分水銀林二堰直歸太平之蕪湖下治吳江之岸為千橋使太湖之水東入于海中治百瀆之故道與夫蘇常湖三州之有故道旁穿於太湖者雖不可縷舉而槩可以迹究也難者曰雖復伍堰柰何伍堰之側山水東下乎復堰無益也鍔荅曰由伍堰而東注太湖則有宣歙池廣德溧水之水苟後堰使上之水不入于荆溪自餘山澗之水寧有幾耶比之

未復十須殺其六七耳難者乃服

東坡奏議卷第九

東坡奏議卷第十

申省論八丈溝利害狀二首

奏論八丈溝不可開狀

奏淮南閉糴狀二首

乞賜度牒糴斛斗準備賑濟淮浙流民狀

乞將合轉一官與李直方酬獎狀

乞賜光梵寺額狀

薦宗室令峙狀

申省論八丈溝利害狀二首

元祐六年九月日龍圖閣學士左朝奉郎知潁州蘇

軾狀申右軾今看詳前件李義修所陳劃一事件內三件係欲開太康縣枯河及開陳州明河並不涉潁州地分無由相度可否利害外有一件欲乞自下蔡縣界以東江陂鎮以西地頗卑下之處難為開淘者平地築岸如汴河例不納衆流免致溝中滿溢橫出之患所是田間橫貫溝港兩下自有歸頭去處間或於要會處如次河口之類可置鬥門遇田間有積水臨時啓閉甚無妨也軾今看詳八丈溝首尾有橫灌大小溝瀆極多並係自來地勢南傾流入潁河別無兩下歸頭去處遇夏秋漲溢雖至小者亦有無窮之

水雖下愚人亦知其不可塞今義修乃欲築岸如汴河不納衆流顯是大段狂妄又一件云八丈溝首尾三百餘里當往來道路豈能盡致橋梁欲乞於合該縣鎮濟要去處創立津渡小立課額積久少助堤岸之費軾今看詳議者欲興大役勞力費國公私洶洶未見其可而義修先欲置津渡立課額以網小利所見猥下無足觀採其餘議論雖多並只是羅提刑李寀學意度更加枝蔓粉飾扶會其說而已別無可考論其八丈溝利害軾見子細相驗打量地勢具的確事件申奏次謹具申尚書省謹狀

又

元祐六年九月日龍圖閣學士左朝奉郎知潁州蘇軾狀申右軾體訪得萬壽汝陰潁上三縣惟有古陂塘頃畝不少見今皆為民田或已起移為永業或租佃耕種動皆五六十年以上與産業無異若一旦收取盡為陂塘則三縣之民失業者衆人情騷動為害不小看詳陳州水患本縁羅朝散於府界疏通積水所致今來進士皇維清既知修復陂塘可以弭横流之患何不乞於府界元有積水久來不堪耕種之地多作陂塘不惟所占田地元係積水占壓之處人户

別無詞說兼亦陂塘既修之後陳州水患自然衰減
更不消糜弊公私開三百五十四里溝渠今來維清
既欲依羅朝散擘畫起夫十八萬人用錢米三十七
萬貫石開溝之後又別奪萬壽等三縣農民產業不
知凡幾千百頃又別破人夫錢米以興陂塘是附會
羅朝散議論有害無利必難施行輒自承領得上件
省司文字訪聞得民間已稍驚疑若更行下逐縣勘
會古陂頃畝及起稅請佃年月則三縣農民必大驚
擾其事既決難施行所以更不敢行下勘會其李密
學羅朝散等所欲會議利害輒見行相驗別具利害

申奏次謹具申尚書省謹狀

奏論八丈溝不可開狀

元祐六年十月日龍圖閣學士左朝奉郎知潁州蘇軾狀奏臣先奉朝旨令知陳州李承之府界提刑羅適都水監所差官及本路提刑轉運同至潁州與臣會議開八丈溝利害臣以到任之初未知利害之詳難以會議尋申尚書省乞指揮逐官未得前來候到任見得的確利害别具申省方可指揮逐官前來會議進呈奉聖旨依所乞臣今來到任已兩月體問得潁州境内諸水但遇淮水漲溢潁河下口壅遏不

行則皆橫流為害下冒田廬上逼城郭歷旬彌月不減尺寸但淮水朝落則潁河暮退數日之間千溝百港一時收縮以此驗之若淮水不漲則一潁河泄之足矣若淮不免漲則雖復旁開百溝亦須下入于淮淮水一漲百溝皆壅無益於事而況一八丈溝乎貼黃據崔公度狀稱取到壽州浮橋司狀照驗得昨來五六月間陳潁州大水之時淮水比常年大小顯見自是諸河泛漲積水為害並不干淮水之事看詳崔公度所言顯是只將是年淮水偶然不大便為永遠利害未委崔公度如何保得今後淮水與諸河水永不一時皆漲乎又臣問得淮潁間農民父老若淮水小則汝潁諸河永無漲溢之理公度所言必非實事且陳之積水非陳之舊也乃是羅適創引府界積水以為陳患今又欲移之於

潁縱使朝廷卹陳而不卹潁欲使潁人代陳受患則
彼此均是王民臣亦不敢深訴但恐潁州已被淮水
逆流之患而陳州但受府界下流之災若上下水併
在潁州則潁之受患必倍於陳田廬城郭官私皆被
其害恐非朝廷之本意也又況潁州北高南下今潁
河行於南八丈溝遠者數百里近者五七十里皆自
北瀉下貫入八丈溝而南其勢皆可以奪併溝水入于
潁河其間二水最大一名次河一名江陂水道深闊
勢若建瓴南傾入潁河而羅適欲以八丈溝奪併而
東此猶欲用五丈河奪汴河雖至愚知其不可而羅

適與臣書乃云若疑之只塞次河江陂勿令南流可
也何足為慮雖兒童之見不至於此縱使臣愚暗全
不曉事與適相附會以興大役雖復起夫百萬糜費
錢米至巨萬億亦無由成而況十八萬人與三十七
萬貫石乎臣歷觀數年以來諸人議論胡宗愈羅適
崔公度李承之以為可開曾肇陸佃朱勃以為不可
開然皆不曾差壕寨用水平打量見地形的實高下
丈尺是致臆度利害口爭勝負久而不決臣已選差
教練使史昱等令管押壕寨自蔡口至淮上計會本
州逐縣官吏子細打量每二十五步立一竿每竿用

水平量見高下尺寸凡五千八百一十一竿然後地面
高下溝身深淺准之漲水高低溝之下口有無壅遏
可得而見也并取到逐縣官吏保明文狀訖所有逐
竿細帳見在本州使案收管更不敢上瀆聖聽只具
史昱等相驗到逐節事狀繳連申奏并略具下項要
切利害
一臣到任之初便取問得汝陰萬壽潁上三縣官
吏文狀稱羅適崔公度當初相度八丈溝時只
是經馬行過不曾差壕寨用水平打量地面高
下是實切詳適等建議起夫一十八萬人用錢

米三十七萬貫石元不知地面高下未委如何見得利害可否及如何計料得夫功錢糧數目顯是全然疎謬（貼黄：羅適計料八丈溝要開深一丈，而汝陽縣官吏只計料八尺，適亦不知，據數申上，其疎謬例皆如此）兼看詳羅適所上文字稱八丈溝上口岸至水面直深二丈五尺至黄堆口與淮水面約直深十丈有畸即是陳州水面下比壽州淮河水面高七丈五尺又云淮水面約闊二十餘里又云淮水大漲不過四丈適只以此便定八丈溝無壅遏臣竊詳適若曾用水平打量見的實丈尺必不謂之約量顯是臆度高下難為憑信今據史昱等打量自蔡口至黃堆口至淮上溜分丈尺及驗得每年淮水漲痕高下將溜分折除外尚有漲水八尺五寸折除不盡其勢必須從八丈溝內逆流而上行三百里與地面平而後止顯見將來八丈溝遇淮水漲大時臨到淮三百里內壅遏不行二水相值橫流於數百里間但五七日不退則潁州苗稼無遺類矣羅適云淮水面闊二十餘里今量闊處不過三里適又云淮水漲不過四丈今驗得漲痕五丈三尺適又云黃堆口至淮面直深十

丈有畸今量得四丈五尺三事皆虛是乃適意欲淮面之闊與溜分之多則以意增之欲漲水之小則以意減之此皆有實狀不可移易適猶以意增損其它利害不見於目前者適固不肯以實言也

一江陂次河深闊高下丈尺其勢必奪八丈溝水南入潁河及其餘溝水如涅溝瓦溝之類皆可以回奪八丈溝不令東流實狀已具史昱等狀內臣體驗得每年潁河漲溢水痕直至州城門脚下公私危懼若八丈溝不能東流却為次河

江陂等水所奪南入潁河則是潁河於常年分
外更受陳州一帶積水稍加數尺必為州城深
患而羅適胡宗愈等皆云自天地有水已來萬
折必東必無回奪之理既云萬折必東則是水
有時而行於西南北但卒歸於東耳非謂不折
而常東也水之就下兒童知之適等不必其就
下而必其常東此豈足信哉適又云方水漲時
潁河亦自漲滿不能受水則次河江陂安能奪
八丈溝而南臣謂八丈溝比潁河大小不相侔
八丈溝必常先潁河而漲後潁河而落方潁河

之不受水也則八丈溝已先漲矣安能奪諸溝而東及八丈溝稍落而能行水則頼河已先落矣安得不奪八丈溝而南此必然之理也
一據史昱等打量到羅適回易八丈溝創開六處計取民田二十七頃八畝合給還價錢或係官田地雖數目不多而羅適未曾計入錢糧數内又看驗得地性踈惡合用梢椿土薄水淺地脉沮洳開未及元料丈尺間必有水泉又難為倒填車水興功並地形高下不等而溝底湏合取令慢平溝身既深溝面隨闊則適所計料全未

是實數其一十八萬人夫及三十七萬貫石錢

米必是使用不足

右八丈溝利害大略具上件三事其餘更有不便事節未易悉數兼已略見於本路轉運判官朱勃申省狀内及考之前史鄧艾本為陳項間田良水少而開八丈溝正與今日厭水患多之意不同勃已論之詳矣伏望

聖慈指揮將朱勃申狀與臣所奏一處看詳即見八丈溝不可開事理實狀了然明白乞早賜果決不開指揮以安潁壽之間百姓驚疑之心不勝區區謹録奏聞伏候

敕旨

貼黄胡宗愈羅適等皆言八丈溝成恐商賈舟舡不復過潁州故州城裏居民豪户妄生異議今勘會蔡河水漲每年中無一兩月其餘月分皆係水小據羅適圖序云八丈溝上口岸去蔡河水面二丈五尺而八丈溝止於地面上開深八尺除大水漲時溝口方與蔡河相通至水落時溝口去蔡河水面乃高一丈七尺潁人何縁過憂舟舡不入城下顯是巧説厚誣潁人以伸其私意

奏淮南閉糴狀二首

元祐六年十一月日龍圖閣學士左朝奉郎知潁州
蘇軾狀奏據汝陰縣百姓朱憲狀伏為今年旱傷稻
苗全無往淮南糴得晚稻一十六石於九月二十八
日到固始縣朱臯鎮有望河欄頭所由等欄住憲稻
種不肯放過河來當時寄在陳二郎鋪内當來牓内
只說欄截糴場粳米不得過淮河並不曾聲說欄截
稻種今來不甘被望河欄頭所由等欄截稻種有悞
向春布種申乞施行臣尋備録朱憲狀及檢坐敕條
牒淮南路監司及光州固始縣并朱臯鎮等處請依
條放行斛㪷不得欄截至今未有施行回報兼體問

得本州今年係秋田災傷檢放税賦百姓例闕穀種
見今在市絶少斛㪷米價翔貴本州見闕軍粮亦是
貴價收糴不行尋勾到斛㪷行人楊信等取問在市
少米因依其楊信等供狀稱問得舡車客旅等稱説
是淮南官場收糴出立賞錢不得津般粳米過淮南
界是致在市少米須至奏乞指揮者右檢會編敕諸
興販斛㪷雖遇災傷官司不得禁止又條諸興販斛
㪷及以柴炭草木博糴糧食者並免納力勝税錢注
云舊收税處依舊即災傷地分雖有舊例亦免臣頃
在杭州親見秀州等處爲官糴上供粳米違條禁止

販賣及災傷地分並不依條免税力勝税錢於官並無所益依舊收糴不行徒使百姓驚疑各務藏蓄斛㪷不肯出糶致饑損人户為害不少今來淮南官吏又襲此流弊違條立賞行閉糴之政致本州城市闕米農民闕種若非朝廷嚴賜指揮即人户必致失所伏乞備録臣奏及開坐敕條指揮淮西轉運提刑司行下逐州縣不得更似日前違條禁止興販斛㪷過淮并勘會轄下如係災傷地分不得違條收納米穀力勝税錢所貴逐路官司稍獲均濟仍乞速賜行下使災傷農民早行耕種謹録奏　聞伏候　敕旨

又

元祐六年十一月日龍圖閣學士左朝奉郎知潁州
蘇軾狀奏臣近為光州固始縣朱臯鎮官吏違條禁
止本州汝陰縣百姓朱憲收糴稻種不令過淮及取
到行人楊信等狀稱是淮南官場糴米立賞禁止米
斛過淮致本州收糴軍糧不行及農民闕種城市闕
食已具事由聞奏乞嚴賜指揮淮南監司不得違條
禁止販賣米斛仍乞勘會如係災傷地分不得違條
收五穀力勝去訖仍已令本州一面移牒淮南提轉
及光州固始縣朱臯鎮等處放行斛㪷其提轉州縣

並不回報依應施行惟朱臯鎮官吏坐到本州縣牒
所准淮南西路提刑司指揮出牓云如有細民過渡
回運米斛不滿一碩即勒白日任便渡載外有一碩
以上滿一席者並仰地分捉拽赴官依法施行犯人
備賞錢一貫每一席加賞錢一貫若或夜間過渡一
碩以下犯人出賞錢一貫每一席加一貫其所捉到
米數却勾欄前來於本縣元糴處出糶若係他人捉
到其經歷地分勾當人並勾追勘斷以此致本鎮不
敢放過米斛又於今月十五日據汝陰縣百姓楊懷
狀為本庄不熟遂典田土得錢於淮南收糴到納稅

及供家喫用米四碩被朱皐鎮立賞勾欄不令過淮

臣又親自體問得本州寄居官户皆言有田在光州

界内今年為額州米貴各令人於本庄取米納税供

家並被本處官司立賞禁止不放前來切詳逐州縣

鎮若非監司公然違背朝廷敕條明出牓示禁絶累

路饑糧即逐處官吏亦未敢似此肆行乖戾之政須

至再奏乞賜指揮者右臣竊見近年諸路監司每遇

米貴多是違條立賞閉糴驚動人户激成災傷之勢

熈寧中張靚沈起首行此事致浙中餓死百餘萬人

臣任杭州日累乞朝廷指揮亦蒙施行今來淮西提

刑既欲收糴官米自合依市直立定優價則人户豈
有不赴官中賣之理今乃明出牓示嚴刑重賞令人
捉搜勾攔收糴顯是強買人物爲國歛怨無甚於此
況提刑司明知編敕雖遇災傷不得禁止販賣斛㪷
乃敢公出牓示立賞禁絶淮南京西均是王民而獨
絶其餱糧禁其布種以至官户本家庄課亦不得般
取喫用違法害物未之前聞其逐州縣鎮官吏亦明
知有上條及臣已坐條關牒並不施行𥨊違朝廷編
敕條貫不敢違監司乖戾指揮伏望　聖慈詳酌早
賜取問施行少免官吏恣行農民無告謹録奏　聞

伏候　敕旨

乞賜度牒糴斛㪷準備賑濟淮浙流民狀

元祐六年十二月二十五日龍圖閣學士左朝奉郎知潁州蘇軾狀奏臣近因出城市中時有挾挈襁褓如流民者問之皆云自壽州來尋取問得城門守把者亦云時有此色人見淮西提刑司出牓立賞不許米斛過淮北因此體問得士人南來者皆云今秋廬濠壽等州皆飢見今農民已食榆皮及用糠麩雜馬齒莧煑食兼壽州盜賊已漸昌熾安豐縣木場鎮打刼施助教家霍丘縣善鄉鎮打刼謝解元家六安縣

故鎮打刼魏家賊徒皆十餘人或云二三十人頗有
騎馬者器仗甚備每處贓皆數千貫申報官司多不
盡實亦有不申報者兼潁州界亦有惡賊尹遇陳興
子鄭饒李松等數人皆老姦逋寇私立名號與官吏
鬬敵方欲結集規相應和近日雖已敗獲深恐淮南
群盜不止流入潁州界縱不能為大害但飢民附之
徒黨稍衆如王冲管三之流便不易捕獲臣又聞淮
南自秋至今雨雪不足麥熟不熟蓋未可知若麥不
熟必大有飢民浙西江東既非豐熟地分勢必流徙
北來則潁州首被其患若流民至潁而官無以濟之

則横户布路盜賊群起必然之勢也所以須至先事
奏乞若至時元無此事臣不敢避章皇過當之罪若
隱而不言倉卒無備别成意外之虞其罪大矣臣日
夜計慮勢不可緩謹具條件如左
一勘會本州常平斛㪷見管粳米三萬四千餘石
通紐元糴價每㪷計一百一十八文有畸菉豆一
萬三千餘石通紐元糴價每㪷計七十二文有
畸小麥二萬五千餘石通紐元糴價每㪷計五
十四文有畸上件三色並係元糴價高縱依條
量減出糶亦未能大叚平減市價兼流民轉徙

失所必無錢收買官米雖依條許借貸人户又
緣流民既非土著將來無緣催索又條許常平
斛㪷召募飢民工役及許依乞丐人給米斛不
得過所限之數兩倍臣今相度不惟飢民羸弱
聚散不常難為工役又緣常平斛㪷本法元只
用糶糴以準平市價若將召募工役及依乞丐
人例給與則是有出無收今後常平本錢日耗
不已有時而盡臣知杭州日為見浙西饑饉全
賴常平糶米所救活不可勝數以此知常平官
本只可令增不可令耗屢曾奏乞立法常平錢

米只許糴糶外不得支用雖蒙施行所有本州
見管常平斛㪷臣終不敢以流民之故輙乞費
用留以準備來春斛㪷翔貴時出糶以濟本州
百姓
貼黄若蒙行下户部不過檢坐常平條貫量減
價出糶及召募飢民工役並依乞丐人給米之
數行下皆是空文無益實事乞自朝廷詳酌特
賜裁處
又貼黄元豐以前常用常平錢米召募飢民工
役雖有減耗却將官剩息錢補填今來常平官

本有出無收若不立法禁止雜支則數日而盡

深爲可惜乞檢會臣前奏施行

一勘會本州見管封樁陝西軍兵請受及禁軍闕

額粳米三千七百餘石估定每𣃁八十文小麥

三萬三千餘石估定每𣃁六十文菉豆二千一

百餘石估定每𣃁五十五文粟米三百餘石估

定每𣃁九十文豌豆五千一百餘石估定每𣃁

六十文准條許估定價例出糶除勘會本州軍

糧粳米年計不足今將轉運司錢兌糴上件封

樁粳米充軍糧外其餘小麥菉豆粟米豌豆可

以奏乞擘畫錢物盡充糴準備賑濟流民

貼黄所有逐色估定價例並是在市實直如蒙

施行乞依今來估定價例充買

右臣伏望　聖慈愍念淮浙累歲災傷來年春夏必有流民而潁州正當南北孔道萬一扶老携幼坌集境内理難斥遣若飢羸道路臭穢薰蒸民同被災疫之害弱者既轉溝壑則彊者必聚爲寇盜欲乞特賜度牒一百道委臣出賣將錢充買前件小麥粟米菉豆豌豆四色封樁斛㪷候有流民到州逐旋支給賑濟如至時却無流民自當封樁度牒價錢别聽朝廷

指揮謹録奏聞伏候 勑

貼黄臣若不預作擘畫陳乞則倉卒之間必難應辦若不密切奏論至此聲先馳則恐引惹飢民併來本州官物有限中路闕絶則死者必衆反爲深害所以今來親書奏狀貴免泄漏臣以目昏書寫不謹伏乞恕罪如蒙施行乞作不下司文字付臣措置

又貼黄臣所奏濠壽等州災傷盜賊次第問得皆有本末非是風傳道路之言深慮本路及逐州各有檢放賦稅元未奏陳致 朝廷不信臣

言臣在杭州日親見監司州縣例皆諱言災傷
只如今年蘇湖水災可爲至甚而臺官賈易等
猶欲根究其事行遣言者蘇州積水未退尚土
城門而知州黄履已奏秋種有望似此蒙蔽習
以成風伏望　聖慈試採臣言過作準備則一
方幸甚

乞將合轉一官與李直方酬奬狀

元祐七年正月日龍圖閣學士左朝奉郎知潁州蘇
軾狀奏臣自到任以來訪聞得本州舊出惡賊自元
祐二三年間管三等嘯聚爲寇已而又有陳欽鄒立

尹榮尹遇等亦是群黨刼殺累至與捕盜官吏鬬敵
是時朝廷訪聞以名捕此等數人尋以捉獲凌遲處
斬惟尹遇一名漏網得脫不改前非結集陳欽之弟
陳興鄭饒李松等數人不住驚刼人户尹遇自稱大
大王陳興稱二大王鄭饒稱侥三李松稱管四鄉村
畏懾不敢言及縱被刼殺不敢申報以致被殺之家
父母妻子不敢聲張舉哀百姓蔡貴莫堙董安三人
只因偶然言及遇等即時被殺內董安仍更用尖刀
割斷脚筋其餘割取頭髮及殺傷者不可勝數每次
打刼皆用金貼𢂞甲其餘兵仗弓弩並全累次與捕

盜官吏鬬敵内一次射殺弓手兼近日壽州界内強
賊甚多打刼魏解元施助教等家皆一二十人白晝
騎馬於鎮市中刼人其尹遇等聞之即欲商量應和
居民憂懼臣度事勢迫切即差職員監勒捕盜官吏
責限收捕有汝陰縣尉李直方素有才幹自出家財
募人告葺知得逐賊窟穴去處内陳興鄭饒李松等
見住壽州霍丘縣開順場尹遇一名在壽州霍丘縣
成家步比陳興等去處更遠二百里直方以謂衆賊
之中唯尹遇晁為桀黠難捕又其窟穴離州界晁遠
遂分布弓手捕捉衆賊而直方親領弓手五人徑往

成家步捉殺尹遇直方毋年九十六只有直方一子
臨去之時毋子泣別往返五百餘里騎殺一馬直方
步行百餘里裝作販牛小客既至地頭衆皆畏懼不
前獨弓手節級程玉等二人與直方持鎗大呼排户
而入尹遇驚起彀弩駕箭欲發直方徑前親手刺倒
衆弓手皆入方始就擒直方本與弓手分頭捕捉衆
賊內陳興鄭饒李松三人以地近故先九日獲獨尹
遇一名以地遠難捕直方親行故後九日獲既獲之
後遠近喜快有城郭鄉村人户六百一十七人詣臣
陳狀備說逐賊凶惡多年為害人不敢言若不盡法

根勘萬一減死刺配即須走回嘯聚為害轉甚以此
知逐賊桀黠之甚衆所憂畏若不以時捕獲因之以
饑饉必為王冲管三之流而直方以進士及第毋子
二人相須為命而能以忠義奮激親手擊刺以除一
方之患比之尋常捕盜官偶然掩獲十數飢寒之民
號為劫賊者不可同日而語矣彼皆坐該賞典而直
方不蒙旌異則忠義膽決方略之臣無所勸激矣須
至奏陳者

右檢准編敕節文諸官員躬親帥衆獲盜一半以上
能分遣人於三十日內獲餘黨者通計人數同躬親

法令來李直方為見衆賊之中唯尹遇最為宿姦老寇窟穴深遠衆不敢近須至躬親出界捕捉是致後獲既是尹遇須至躬行則陳興等三人須至差人無由躬親若使直方先為身謀即須躬親先往近處捕陳興等三人然後多遣弓手續於三十日内捕尹遇一名即却應得上條同躬親法只緣直方忠義激發以除惡為先務而不暇計較恩賞故躬親出界專捕尹遇一名以致所差弓手却先獲陳興等三人遂與上條不應於賞格有礙考之法意顯是該說不盡伏望朝廷詳酌只緣直方先公後私致得先後捕獲之數

不盡應法欲乞比附上條通計人數許同躬親法為
第三等若下刑部定奪則有司須至執文計析毫釐
直方無緣該得第三等恩賞惟望 聖恩體念尹遇
等若不以時捕獲必為嘯聚群寇而直方儒者能捐
軀奮命忠義可嘉特賜指揮臣又慮 朝廷惜此恩
例恐今後妄有攀援勘會臣見今於法合轉朝散郎
情願乞不改轉將此恩例與直方循資酬奬緣直方
毋年九十餘只有一子因臣督迫泣别而行若萬一
為賊所害使其老毋失所臣豈不愧見僚吏以此將
臣合轉一官與直方充賞不惟少酬其勞亦使臣今

後有以使人不為空言無實者於臣亦為莫大之幸
且免後人援例庶　朝廷易為施行臣不勝大願謹
録奏　聞伏候　敕旨

貼黄臣所論奏皆有實狀可以覆按本合候尹
遇等結案了聞奏又恐　朝廷未盡以臣言為
信更當行下監司體問逐賊凶惡之實與直方
捐軀奮激之狀故及逐賊未死聞奏庶可以覆
按施行僥三是管三火中有名强賊人管四是
管三弟此二賊欲得遠近畏服故詐稱二人姓名

又貼黄奏為汝陰縣尉李直方捕獲強惡賊人

乞依編敕第三等酬賞㑀　敕旨

乞賜光梵寺額狀

元祐七年二月日龍圖閣學士左朝奉郎知潁州蘇軾狀奏臣伏見本州潁上縣白馬村有梵僧佛陀波利真身塔院舍約四五十間元無敕額父老相傳佛陀波利本西域僧唐儀鳳中遊五臺禮文殊師利見老人令復還西域取佛頂尊勝陁羅尼經佛陁波利用其言往返數萬里以永淳中取經而還至今流布而佛陀波利於潁上亡沒里俗相與漆塑其身造塔供養時有光景頗著靈驗不敢具述臣於諸處見唐

人所立尊勝石幢刊記本末與所聞父老之言頗合
今年正月大雪過度農民凍餧無所祈禱境内諸廟
未應聞父老以佛陀波利為言臣即遣人賫香禱請
登時開霽人情翕然歸向詣臣陳狀願得敷奏乞一
敕額庶幾永遠不致廢壞須至奏乞者右謹具如前
欲望 聖慈曲從民欲特賜本院一敕額如蒙開允
以光梵為額謹録奏 聞伏候 敕旨

薦宗室令畤狀

元祐七年五月初五日龍圖閣學士左朝奉郎知潁
州蘇軾狀奏右臣聞之詩曰懷德維寧宗子維城宗

室之有人邦家之光社稷之衛也周之盛時其卿士
皆周召毛原非王之伯叔父則其子弟也逮至兩漢
間平之德歆向之文天下以爲口實而唐之宗室武
略如道宗孝恭文章如白與賀者不可以一二數而
以功名至宰相者有九人焉自建隆以來累聖執謙
不私其親幹國治民不及宗子雖有文武異材終身
不試神宗皇帝實始慨然欲出其英髦與天下共之
故增立教養選舉之法行之二十年出入中外漸就
器使而未見有卓然顯聞稱先帝意者豈無其人蓋
朝廷未有以大聳勸之耳臣伏見承議郎簽書潁州

節度判官廳公事令時事親篤孝内行純備博學經
史手不釋卷吏事通敏文采俊麗志節端亮議論英
發體兼衆器無適不宜臣甞見其所著述筆力雅健
博貫子史蓋清廟之瑚璉明堂之杞梓也使其生於
幽遠猶當擢用而況近託肺腑已蒙試用者乎伏望
聖慈特賜考察召致館閣養其高才而遂其遠業以
風動宗室勸示海内成先帝之意不以臣人微言輕
而廢其請也若後不如所舉臣甘伏　朝典謹録奏
聞伏候　敕旨

東坡奏議卷第十

東坡奏議卷第十一

論積欠六事幷乞檢會應詔所論四事一處行下狀

再論積欠六事四事劄子

論倉法劄子

論積欠六事幷乞檢會應詔所論四事一處行下狀

元祐七年五月十六日龍圖閣學士左朝奉郎知揚州蘇軾狀奏臣聞之孔子曰善人教民七年亦可以即戎矣夫民既富而教然後可以即戎古之所謂善人者其不及聖人遠甚今二聖臨御八年于兹仁孝慈儉可

謂至矣而帑廩日益困農民日益貧商賈不行水旱
相繼以上聖之資而無善人之效臣竊痛之所至訪問
耆老有識之士陰求其所以皆曰方今民苟寬政無
它疾苦但為積欠所壓如負千鈞而行免於僵仆則
幸矣何暇舉首奮臂以營求於一飽之外哉今大姓富
家昔日號為無比户者皆為市易所破十無一二矣其
餘自小民以上大率皆有積欠監司督守令守令督吏
卒文符日至其門鞭笞日加其身雖有白圭猗頓亦
化為簞門圭竇矣自祖宗已來每有赦令必曰凡欠官
物無侵欺盜用及雖有侵盜而本家及五保人無家業

者並與除放祖宗非不知官物失陷姦民幸免之弊特以民既乏竭無以為生雖加鞭撻終無所得緩之則為姦吏之所蠶食急之則為盜賊之所憑藉故舉而放之則天下悅服雖有水旱盜賊民不思亂此為捐虛名而收實利也自二聖臨御以來每以施舍已責為先務登極赦令每次郊赦或隨事指揮皆從寬厚凡今所催欠負十有六七皆聖恩所貸矣而官吏刻薄與聖意異舞文巧詆使不該放監司以催欠為職業守令上為監司之所迫下為胥吏之所使大率縣有監催千百家則縣中胥徒舉欣欣然日有所得若一旦

除放則此等皆寀寥無獲矣自非有力之家納賂請
賕誰肯舉行恩貸而積欠之人皆隣於寒餓何賂之
有其間貧困掃地無可蚕食者則縣胥教令通指平人
或云衷私擅買抵當物業或雖非衷私而云買不當
價似此之類蔓延追擾自甲及乙自乙及丙無有窮已
每限皆空身到官或三五限得一二百錢謂之破限官
之所得至微而胥徒所取葢無虛日俗謂此等為縣
胥食邑户嗟乎聖人在上使民不得為陛下赤子而
皆為姦吏食邑户此何道也商賈販賣例無現錢若
用現錢則無利息須今年索去年所賣明年索今年

所賒然後計筭得行彼此通濟今富户先已殘破中
民又有積欠誰敢賒賣物貨則商賈自然不行此酒
稅課利所以日虧城市房廊所以日空也諸路連年
水旱上下共知而轉運司窘於財用例不肯放稅縱
放亦不盡實雖無明文指揮而以喜怒風曉官吏孰
敢違者所以逐縣例皆拖欠兩稅較其所欠與依實
檢放無異於官了無所益而民有追擾鞭撻之苦近
者詔旨凡積欠皆分為十料催納通計五年而足聖
恩隆厚何以加此而有司以謂有旨倚閣者方得依
十料指揮餘皆併催縱使盡依十料吏卒乞覔必

不肯分料少取人户既未納足則追擾常在縱分百
料與一料同臣項知杭州又知潁州今知揚州親見
兩浙京西淮南三路之民皆爲積欠所壓日就窮蹙
死亡過半而欠籍不除以至虧欠兩稅走陷課利農
末皆病公私並困以此推之天下大率皆然矣臣自
潁移揚舟過濠壽楚泗等州所至麻麥如雲臣每
屏去吏卒親入村落訪問父老皆有憂色云豐年
不如凶年天災流行民雖乏食縮衣節口猶可以生若
豐年舉催積欠胥徒在門枷棒在身則人户求死不
得言訖淚下臣亦不覺流涕又所至城邑多有流民

官吏皆云以夏麥既熟舉催積欠故流民不敢歸鄉臣
聞之孔子曰苛政猛於虎昔常不信其言以今觀之殆
有甚者水旱殺人百倍於虎而人畏催欠乃甚於水
旱臣竊度之每州催欠吏卒不下五百人以天下言
之是常有二十餘萬虎狼散在民間百姓何由安生
朝廷仁政何由得成乎臣自到任以來日以檢察本
州積欠為事内已有條貫除放而官吏不肯舉行者
臣即指揮本州一面除放去訖其於理合放而於條未
有明文者即且令本州權住催理聽候指揮其於理合
放而於條有礙者臣亦未敢住催各具利害奏取

聖旨謹件如左

一准元祐五年五月十四日敕節文應實封投狀承買場務第五界已後見欠未納淨利過日錢亦許比第四界以前三界内一界小數催促上件條貫止為過界有人承買場務可以分界見得最小一界錢數豁除見欠其間界滿無人承買場務只勒見開沽人認納過日錢數者即無由分界見得小數所以不該上條除放朝廷為見無人承買場務比之有人承買者尤為敗闕不易送納反不該上條除放於理不均故於元祐六年春

須條貫内別立一條諸場務界滿未足交割者且令
依舊認納課利及過日錢若委因事敗闕或一年
無人投狀承買經縣自陳申州本州差官限二十日
體量減定淨利錢數令承認送納仍具減定錢
數出牓限一季召人承買無人投狀本州再差官
減定出牓限滿又無人投狀依前再減出牓若減
及五分已上無人投狀申提刑司差官與本州縣
官同共相度再減節次依前出牓如減及八分以上
無人投狀承買委是難以出納淨利錢即所差官與
本州縣保明申提刑司審察保明權倚閣訖奏自

界滿後至倚閣日見開沽人只依減定淨利錢數送
納臣今看詳朝廷立此兩條聖恩寬厚敕語詳備應
有人無人承買場務皆合依條就小送納無可疑
惑只緣官吏多以刻薄聚斂為心又不細詳條貫
所以請處元只施行逐界逼比就小催納指揮其
界滿無人承買只依減定淨利錢數送納條貫多
不施行臣細詳上條既去自界滿至停閉日見開
沽人只依減定淨利錢數送納即是分明指定合
依臨停閉日減定最小錢數送納雖逐次減定錢
數不同緣皆未有人承買不免更減終非定數既

已見得臨停閉日所減定數豈可却更追用逐次
虗數為定臣已指揮本州行下屬縣應界滿敗
闕無人承買場務係是開沽人承認送納者並
依上條只將臨停閉日所定最小錢數為額催
納内未停閉已前有人承買即依上件各以當
限所減定錢數為額催納以上如有欠負即將
已前剩納過錢數豁除如已納過無欠負者即
給還所剩本州已依應施行訖深慮諸路亦有
似此施行未盡去處乞賜
聖旨備録行下

一准元祐五年四月九日朝旨應大赦已前見欠蠶鹽
和買青苗錢物元是冒名無可催理或全家逃移
隣里抱認或元無頭主均及干繫人者並特與
除放今勘會江都縣人户積欠青苗錢二萬四千九
百二十貫石内四十九貫石係大赦已前欠負逃移
臣已指揮本州依上件朝旨除放去訖一千五百二
十五貫石雖係大赦前欠負却係大赦後逃移未有
明文除放見今無處催理不免逐時行下鄉村勘
會虛有搔擾臣已指揮本州更不行下欲乞聖
旨指揮應大赦前欠負蠶鹽和買青苗錢但見

令逃移無處催理者本縣官吏保明並與除放貼黃

勘會上件朝旨經隔二年不為除放臣今來方始施行深慮諸州軍亦有似此大赦前欠蚕鹽和買青苗錢逃移人戶合依聖旨除放而官吏不為施行者乞更賜行下免罪改正

一檢准熙寧編敕諸主持倉庫欠折官物買撲場務少欠課利元無欺弊者其產業雖已估計陪納入官許以所收子利紐計還元欠官錢數足即給還或貼納所欠錢數相兼收贖如過十年不贖依填欠田宅條施行係十保干係人產業雖欠人有欺

弊亦准此此乃祖宗令典雖熙寧新法亦許准折欠數數足便還只因元豐四年十二月内兩浙轉運司奏買撲之人多是作弊拖欠合納課利須至官司催逼緊急却便乞依條將産業在官拘收子利折還係元抵田産物業逐年所出花利徽細卒塡所欠官錢不足看詳買撲場務並係人户情愿實封投狀抱認句當其課利依條自合逐月送納即與公人主持倉庫欠折官物陪塡事體不同今相度欲乞於編敕内删去買撲場務少欠課利八字因此立法諸主持官物欠折無欺弊其産

業估納入官以所收子利准折欠數候足給還或貼納錢收贖如過十年不贖依塡欠田宅法係干保干繫人產業雖元欠有欺弊仍以所估納抵產子利准折欠數通計償足給還抵產其以前欠負並准此內剩納過錢數仍給還所剩

一准元豐三年九月二十八日明堂赦書節文開封府界及諸路人戶見欠元豐元年以前夏秋租稅幷沿納不以分數及二年以前誤支雇食水利罰夫買撲場務出限罰錢幷免役及常平息錢並特與除放是時轉運司申中書稱見欠丁口鹽錢及鹽博絹

米及和預買細絹并係人戶以諸官不合一例除
放中書批狀云勘會赦書內即無見欠丁口鹽錢
并監慱絹米及和預買紬絹已請官本除放之
文因此州縣却行催理至元豐八年登極赦書亦是
除放兩税沿納錢物後來尚書戶部仍舉行元豐
四年中書批狀指揮逐年蚕鹽錢絹和預買紬
絹等係已請官本並不除放臣今看詳內蚕鹽
錢絹一事監本至輕所折錢絹至重只如江都縣
每支監六兩折絹一尺鹽六兩元價錢一千文五分
足絹一尺價錢二十八文一分足其支監納錢者

每鹽五斤五兩納錢三百三十一文八分足比元價
買鹽每二十八文足已多一百八十三文足又將錢
折麥所估麥價至低又有倉省加耗及脚乘之類
一文至納四五文今來既不除放即須催納絹麥
折色所以人戶愈覺困苦臣今看詳丁口鹽錢絹
既為有官本難議除放即合據所支鹽斤兩實
直價錢催納豈可將折色絹麥上增起錢數盡
作官本顯是於理合放於條未有明文臣已指揮
本州應登極赦前見欠丁口鹽錢及鹽博絹米之
類只據當時所支官物實直為官本催納其因

折色增起錢數並權住催理聽候朝旨伏望

聖慈特賜指揮依此除放

一准元祐元年九月六日明堂赦書應内外欠市易錢人戶見欠錢二百貫以下並特與除放續准元祐二年二月七日都省批狀知鄭州張璪劄子奏臣伏覩明堂赦書節文諸路人戶見欠市易錢二百貫以下並特與除放臣自到州契勘得本州舊係開封府界管城縣日本縣市易抵當所於元豐二年五月以後節次准市易上界牒准太府寺牒支降到疋帛散茶令搭息出賣

其本州自合依條許人戶用物貨等抵請及見錢變易本所卻賒賣與人戶仍不曾結保致有二百九十八戶除納外共拖欠下官錢計一千九百餘貫文雖契勘得逐戶名下見欠各只是二百貫以下本州為是元管句官司違法賒散不依太府寺搭息出賣指揮致人戶亦不曾用物貨抵請即與市易舊法許人結保賒請金銀物帛見欠官本事體不同以此未敢引用赦敕除放係上件人戶所欠物帛價錢本因官吏違法賒過其人戶元不知有此違礙伏望聖慈矜卹特許依赦

除放庶使貧民均被聖澤戶部看詳住罷賒請後
來違法賒散過錢物并府界縣分人戶抵當虧本
糯米各與未罷已前依條賒請事體不同今勘
當難以依赦除放都省批狀依戶部所申文續准元
祐三年十月二十七日敕勘會内外見欠市易非
違法賒請人戶已降指揮二百貫文已下除放
其外路係違法者即不該除放切緣本因法司違
法賒賣令來人戶若不量與蠲放顯見獨不霑
恩須議指揮十月二十五日奉聖旨令戶部指揮
諸路契勘官私違法除放人戶許將息罰充折外

見欠錢二十貫文已下者並與除放又續准元祐四年
正月初十日轉運司牒准尚書戶部符據淮南轉
運司狀契勘本路市易欠錢除依條賒借并元係
經官司違法賒欠已依上項赦敕朝旨施行外緣有
未承元豐四年五月十九日朝旨住罷賒借以前并
以後有人戶於市易務差出計置變易句當人
等頭下賒欠錢物見欠不及二百貫及二十貫以下
令詳所降元祐元年九月六日明堂赦敕止言市
易欠錢人戶見欠二百貫文以下除放并元祐三年
十月二十七日朝旨亦止言官司違法賒借見欠二

十貫文以下除放今來前項人戶從初經於市易差出句當人等頭下賒欠本司疑慮未敢一例除放申部者本部看詳明堂赦云内外欠市易錢人戶見欠二百貫以下除放及近降朝旨亦止云官私違法賒放人戶折外見欠二十貫以下除放即無似此窠名明文今據所申符本司主者詳此一依前後所降朝旨施行無至違誤臣今看詳元祐元年九月六日明堂赦書止言應内外欠市易務錢二百貫以下並與除放赦文簡易明白元不分別人戶於官司請領或徑於句當人名下分請亦

不拘限官司依條賒賣或違法倲散及有無抵
當結保搭息不搭息之類但係欠市易務錢二
百貫以下者便合依赦除放更無疑慮切原聖
意蓋為市易務錢本緣姦臣貪功希賞設法陷
民赤子無知為利所罔故於即位改元躬祀明堂始
見上帝之日親發德音特與除放皇天后土實聞
此言當時有識已恨所放不寬既知小民為官法
所陷何惜不與盡放更立二百貫之限然是時欠負
窮民無不鼓舞涕泣銜荷恩德曾未半年已有刻
薄臣寮強生支節析文破敕妄作申請致有上項

續降聖旨及都省批狀指揮應官司違法賒借者止放二十貫以下其於差出句當人名下賒請者並不除放一文使宗祀赦文反為虛語非獨失信於民亦為失信於上帝矣所繫至大而俗吏小人曾不為朝廷惜此但知計析錐刀之末實可痛慤臣竊仰料二聖至仁至明已發德音除放二百貫以下豈有却許刻薄臣寮出意阻難追改不行之理必是當時議者以為欠錢之人詐立私下賒買人姓名分破錢數令不滿二百貫僥倖除放以此更煩朝省別立上項條約以防情弊一時指揮

不為無理今來歲月已久人戸各蒙監催枷錮鞭
撻困苦已極若非本身實欠豈肯七年被監不
求訴免以此觀之凡今日欠戸並是實欠必非
私相計會為人分減之人明矣伏望聖慈特與
舉行元祐元年九月六日赦書應内外欠市易
錢人戸見欠錢二百貫以下以官私違法不違
法及人戸於官司請領或徑於句當人名下分
請者並與除放所貴復收窮困垂死之民稍實
宗祀赦書之語以荅天人之意
一準元祐六年五月二十六日聖旨將府界諸路

人户應見欠諸般欠負以十分為率每年隨夏
秋料各帶納一分所有前後累降催納欠負分
料展閣指揮更不施行臣今看詳上項指揮
明言應見欠諸般欠負並分十料催納元不曾
分别係與不係因災傷分料展閣之數聖恩寛
大詔語分明但係欠負無不該者只因户部出
納之吝别生支節謂之申明其畧云本部看詳
人户見催逐年拖欠下夏秋租税贓賞課利
省房没官等錢物若不係因災傷許分料展閣
理納之數自不該上條致尚書省八月三日批

狀指揮依所申施行即不曾別取聖旨臣嘗謂
二聖即位已來所行寬大之政多被有司巧說事
理務為艱閡使已出之令不盡施行屯膏反汗皆
此類也兼檢會元祐敕節文諸災傷倚閣租稅
至豐熟日分作二年四料送納若納未足而又遇
災傷者權住催理今來元祐六年五月二十五日
聖旨指揮雖分為十料比舊稍寬又却衝改前
後分料展閣指揮即雖遇災傷亦須催納水旱
之民當年租賦尚不能輸豈能更納舊欠顯是緣
此指揮反更不易欲特降聖旨應諸般欠負並

只依元祐五年五月二十六日聖旨指揮分十料施
行仍每遇災傷依元祐敕權住催理内人戸拖
欠兩稅不係災傷倚閣者亦分二年作四料送
納未足而遇災傷者亦許權住催理所有戸部
申明都省批狀指揮乞不施行
貼黄議者必謂若如此施行令後百姓皆不肯依
限送納兩稅僥倖分料臣以謂不然編敕明有催
稅末限不足分數官吏等第責罰令佐至衝替
録事司戸與小處差遣典押勒停孔目管押官
降資條貫至重誰敢違慢若非災傷之歲檢放

不盡實者何緣過有拖欠若朝廷不恤須得併催
則人戶惟有逃移必無納足之理
一臣先知杭州日於元祐五年九月奏臣先曾具
奏朝廷至仁寛貸宿逋已行之命為有司所格
沮使王澤不得下流者四事其一曰見欠市易
籍納產業聖恩並許給還或貼納收贖而有司妄
出新意創為籍納折納之法使十有八九不該給
贖其二曰積欠鹽錢聖旨已許止納產鹽場監
官本價錢其餘並與除放而提舉鹽事司執文
害意謂非貧乏不在此數其三曰登極大赦以

前人户以産當酒見欠者亦合依鹽當錢法只
納官本其四曰元豐四年杭州揀下不堪上供
和買絹五萬八千二百九十疋並抑配賣與民
不住鞭笞催納至今尚欠八千二百餘貫並合
依今年四月九日聖旨除放然臣具此論奏經
今一百八日不蒙回降指揮乞檢會前奏四事
早賜行下尚書省取會到諸處稱不曾承受到
上件奏狀十二月八日三省同奉聖旨令蘇軾
別具聞奏臣已於元祐六年正月九日備録元
狀繳連奏去訖經今五百餘日依前未蒙施行

伏乞檢會前奏一處行下

右謹件如前今所陳六事及前所陳四事止是揚州杭州所見竊計天下之大如此六事四事者多矣若今日不治數年之後百姓愈困愈急流亡盜賊之患有不可勝言者伏望特留聖意深詔左右大臣早賜果決行下臣伏見所在轉運提刑皆以催欠為先務不復以恤民為意蓋亟矢異業所居使然臣愚欲乞備錄今狀及元祐六年正月九日所奏四事行下逐路安撫鈐轄司委自逐司選差轄下官僚一兩人不妨本職置司取索逐州見催諸般欠負科名戶眼及

元欠因依限一月内具委無漏落保明供申仍備録
應係見行欠負敕條出榜曉示如州縣不與依條除放
許詣逐司自陳限逐司於一季内看詳了絶内依條合
放而州縣有失舉行者與免罪改正訖奏其於理合
放而未有明條或於條有礙者並權住催理奏取敕
裁仍乞朝廷差官三五人置局看詳立限結絶如此
則朞年之間疲民尚有生望富室完復商賈漸通酒
稅增羨公私寛泰必自此始也臣身遠言深罪當萬
死感恩徇義不能默已謹録奏聞伏候敕旨
貼黄本州近准轉運司牒坐准户部符臣寮上

言去歲災傷人戸農事初興生意稍還正當惠養
助之蘇息伏望聖慈許將去年檢放不盡秋稅
元只收三二分已下者係本戸已是七八分災傷
今來若納錢尚有欠必是送納不前乞特與除
放其餘納錢見欠人戸亦乞特與減免三分外
若猶有欠并上三等戸如不可一例減放則並乞特
與展限候今年秋熟隨秋料送納其言至切尋蒙
聖恩送下戸部本部却只檢坐元祐三年七月二十
四日敕節文災傷帶納欠負條貫應破詔旨其臣
寮所乞放免寬減事件元不相度可否顯是聖慈

欲行其言而戶部不欲雖蒙行下與不行下同臣今
來所論若非朝廷特賜指揮即戶部必無施行之理
又貼黃臣今所言六事及舊所言四事並係民心
邦本事關安危兼其間逐節利害甚多伏望聖
慈少輟清閑之頃特賜詳覽
又貼黃准條檢放災傷税租只是本州差官計會
令佐同檢即無轉運司更别差官覆按指揮臣在
潁州見逐州檢放之後轉運司更隔州差官覆按
虚實顯是於法外施行使官吏畏憚不敢盡實
檢放近日淮南轉運司為見在流民倍多而所放

災傷多不及五分支破貧糧有限恐人情未安故
奏乞法外支給若使盡實檢放流民不應如此之
多與其法外拯濟於既流之後曷若依法檢放於
未流之前此道路共知事之不可欺者也臣忝侍
從不敢不具實聞奏

又貼黃京師所置局因令看詳畿內欠負

再論積欠六事四事劄子

元祐七年六月十六日龍圖閣學士左朝奉郎知揚州
蘇軾劄子奏臣已具積欠六事及舊所論四事上奏
臣聞之孟子曰以不忍人之心行不忍人之政若陛下

初無此心則臣亦不敢必望此政屢言而屢不聽亦可以止矣然臣猶孜孜強聒不已者蓋由陛下實有此心而為臣子所格沮也竊觀即位之始發政施仁天下聳然望太平於朞月今者八年而民益貧此何道也願陛下深思其故非若積欠所壓自古至今豈有行仁政八年而民不蘇者哉臣前所論四事不為不切而經百餘日略不施行臣既論奏不已執政乃始奏云初不見臣此疏遂奉聖旨令臣別録聞奏意謂此奏朝上而夕行今又二年於此矣以此知積欠之事大臣未欲施行也若非陛下留意痛與指揮只作常程文字降出仍却作熟事進呈依例

送戶部看詳則萬無施行之理臣人微言輕不足計較所
惜陛下赤子日困日急無復生理也臣又竊料大臣必云
今者西邊用兵急於財利未可行此臣謂積欠之在戶部
者其數不貲實似可惜若實計州縣催到數目經涉歲
月積欠之在戶部者累毫何足以助經費之萬一臣願
聖主特出英斷早賜施行臣訪聞浙西飢疫大作蘇湖
秀三州人死過半雖積水稍退露出泥田然皆無土可
作田塍有田無人有人無糧有糧無種有種無牛殍死
之餘人如鬼腊臣竊度此三州之民朝廷加意惠養仍須
官吏得人十年之後庶可完復書曰制治于未亂保邦

于未危浙西災患若於一二年前上下疚心同方拯濟其勞費殘弊必不至若今之甚也臣知杭州日預先奏乞下發運司多糴米斛以備來年拯濟飢民聖明垂察支賜緡錢百萬收糴而發運使王覿堅稱米貴不糴是年米雖稍貴而比之次年春夏猶為甚賤縱使貴糴尚勝於無而覿執所見終不肯收糴顆粒是致次年拯濟失備上下共知而不詰問小人淺見只為朝廷惜錢不為君父惜民類皆如此淮南東西諸郡累歲災傷近者十年遠者十五六年矣今來夏田一熟民於百死之中微有生意而監司爭言催欠使民反

思凶年怨嗟之氣必復致水旱欲望聖慈救之於可救之前莫待如浙西救之於不可救之後也臣敢昧死請內降手詔云訪聞淮浙積欠最多累歲災傷流殍相屬今來淮南始獲一麥浙西未保豐凶應淮南東西浙西諸般欠負不問新舊有舊官本並特與權住催理一年使久困之民稍知一飽之樂仍更別賜指揮行下臣所言六事四事令諸路安撫鈐轄司推類講求與天下疲民一洗瘡痏則猶可望太平於數年之後也臣伏覩詔書以五月十六日冊立皇后本枝百世天下大慶孟子有言詩曰古公亶父來朝走馬率西水滸

至于岐下爰及姜女聿來胥宇當是時也內無怨女外無曠夫此周之所以王也今陛下膺此大慶猶不念積欠之民流離道路室家不保鬻田賃子以輸官者乎若親發德音力行此事所全活者不知幾千萬人天監不遠必為子孫無疆之福臣不勝拳拳孤忠昧死一言取進止

論倉法劄子

元祐七年七月二十七日龍圖閣學士左朝奉郎知揚州蘇軾劄子奏臣竊謂倉法者一時權宜指揮天下之所駭古今之所無聖代之猛政也自陛下即位首寬

此法但其間有要劇之司胥吏仰重禄為生者朝廷不欲遽奪其請受故且因循至今蓋不得已而存留非謂此猛政可恃以為治也自有刑罰已來皆稱罪立法譬之權衡輕重相報未有百姓造銖兩之罪而人主報以鈞石之刑也今倉法不滿百錢入徒滿十貫刺配沙門島豈非以鈞石報銖兩乎天道報應不可欺罔當非社稷之利凡為臣子皆當為陛下重惜此事豈可以小小利害而輕為之哉臣竊見倉法已罷者如轉運提刑司人吏之類近日稍稍復行若監司得人胥吏誰敢作過若不得人雖行軍令作過愈甚今執政

不留意於選擇監司而獨行倉法是謂此法可恃以為治也耶今者又令眞揚楚泗轉般倉斛子行倉法綱運敗壞執政終不肯選擇一强明發運使以辦集其事但信倉部小吏妄有陳請便行倉法臣所未喻也今來所奏只是申明元祐編敕不過歲捐轉運司違法所收糧綱税錢一萬貫而能六百萬石上供斛㪷不大失陷又能全活六路綱梢數千牽駕兵士數萬人免陷深刑而押綱人負使臣數百人保全身計以至商賈通行京師富庶事理明甚無可疑者但恐執政不樂臣以疎外輙議已行之政必須却送戸部或却

令本路監司相度多方沮難決無行理臣材術短淺老
病日侵常恐大恩不報銜恨入地故貪及未死之間時
進瞽言但可以上益聖德下濟蒼生者臣雖以此得
罪萬死無悔若陛下以臣言為是即乞將此劄子留
中省覽特發德音主張施行若以臣言為妄即乞并
此劄子降出議臣之罪取進止

東坡奏議卷第十一